Literatura y vida

Augusto Monterroso

Literatura y vida

Alianza editorial
El libro de bolsillo

Diseño de colección: Estrada Design
Diseño de cubierta: Manuel Estrada
Fotografía de Luis Moreno y Miguel S. Moñita

PAPEL DE FIBRA
CERTIFICADA

© 2003, Herederos de Augusto Monterroso
   Los derechos de la Obra han sido cedidos mediante acuerdo con International
   Editors' Co. Agencia Literaria.
© Alianza Editorial, S. A., 2025
   Calle Valentín Beato, 21
   28037 Madrid
   www.alianzaeditorial.es

ISBN: 979-13-7009-004-3
Depósito legal: M-6110-2025
Printed in Spain

Si quiere recibir información periódica sobre las novedades de Alianza Editorial, envíe
un correo electrónico a la dirección: alianzaeditorial@anaya.es

Índice

Cervantes ensayista

«La palabra es nueva, pero la cosa es vieja... Las epístolas de Séneca a Lucilio son ensayos, vale decir, meditaciones dispersas, aunque en forma de epístolas». Estas citas de Francis Bacon las he tomado del Estudio Preliminar que Adolfo Bioy Casares puso como introducción a un volumen de ensayos ingleses seleccionados por Ricardo Baeza hace ya más de cincuenta años en la ciudad de Buenos Aires, cuando de esta ciudad irradiaba a toda Hispanoamérica y España lo más sobresaliente de la literatura europea y estadounidense. Pues bien, Bacon, el segundo gran ensayista moderno después (en el tiempo) de Miguel de Montaigne, sabía perfectamente lo que afirmaba, pues no solo Séneca estaba para demostrarlo, sino también, ahora que tenemos un concepto más preciso o más amplio del género, Plutarco, Aulo Gelio, Luciano de Samosata, Plinio el Joven o Diógenes Laercio en la antigüedad, y aún podrían citarse otros. Pero en efecto, la palabra que hoy usamos con el sentido en que lo hacemos no existía entonces, y tuvieron que pasar muchos siglos para que Montaigne

—o el señor de Montaña, como lo llamaba Quevedo— la inventara o le diera el significado que conserva hasta nuestros días en las preceptivas literarias.

Sin embargo, la pregunta que ahora confrontamos es la siguiente: el público, los nuevos posibles lectores, ¿saben en realidad de qué se trata? Mi experiencia me indica que no parece ser ese el caso. Cuando a requerimientos de una distinguida dama le declaré la otra tarde que yo escribía ensayos —yo pensaba hasta en el mío de una línea que antologa *The Oxford Book of Latin American Essays*—, ella lo tomó como una confesión o una disculpa, y con un gesto de inteligencia, bajando la voz, me dijo con simpatía: no importa, no importa. Entonces aprendí que aquella declaración necesita ir siempre acompañada de explicaciones acerca de lo que el ensayo *no* es: ni una tesis científica ni ninguna investigación encaminada a demostrar algo con lo que su autor accederá a tal o cual grado académico; o de aclaraciones, para dejar bien establecido que se trata de un género literario y no de simples intentos. Ensayo, sabe usted, un texto más o menos breve, muy libre, de preferencia en primera persona, sobre cualquier cosa, o acerca de equis costumbre o extravagancia de uno mismo o de los demás, escrito en tono aparentemente serio pero idealmente envuelto en un vago y ligero humor y, de ser posible, en forma irónica, y preferible si autoirónica, sin el menor afán de afirmar nada concluyente; y si de lo expresado en él se desprende cierta melancolía o determinado escepticismo respecto del destino humano, mejor; y si una digresión se desliza aquí o allá, mejor que mejor, pues la libertad de pasar de un punto a otro sin excusas ni rebuscamientos, y hasta de interrumpirse y olvidarse (o hacer como que uno se olvida) de por dónde va, puede ser lo que venga a dar al ensayo ese encanto parecido al que se desprende de una conversación inteligente; recurriendo a citas falsas, verdaderas o equivocadas, o invocando a amigos o señoras de sociedad que pueden existir en la realidad o no; o declarando incapacidades auténticas o fingidas; y por lo común escrito con un estilo perfecto pero que no se note o incluso que hasta parezca descuidado, o redactado por alguien que está más preocupado por otros asuntos, como quien lo hace para cumplir un requisito que no puede eludir; todo esto viene a ser una pequeña parte de lo que uno piensa que podría darle a aquella buena señora una mínima idea de lo que quiere dar a entender cuando se ve forzado a declarar que escribe ensayos, sin necesidad de añadir que también escribe cuentos y novelas para que esta misma señora lo tome a uno en serio y no pase sin más a otro tema, o a cualquier tópico del momento como quien siente que ya cumplió con las buenas maneras; y tal vez por último, pero esto sí con extremo cuidado, animarse a decirle que, si quiere saberlo, aparte de cuanto de genial se conoce de él, entre otras gracias la de ser el inventor de la novela moderna, Cervantes es quizá también en nuestro idioma el primer ensayista moderno; y que para confirmar esta insólita aseveración no tiene sino que tomarse la molestia de ir a sus prólogos de las partes Primera y Segunda de *Don Quijote de la Mancha,* el de las *Novelas ejemplares* y el de *Persiles y Sigismunda,* en los que observará muy claramente gran parte de lo dicho aquí sobre este traído y llevado género, con la única advertencia de que ni por asomo se acerque al de *La Galatea,* porque ese es otro asunto y, bueno, mejor ni hablar de él ni recurrir al socorrido principio de que la excepción confirma la regla.

Cementerios en Zürich

—¿Vais a los cementerios?
—Mucho, mucho.

JUAN DE DIOS PEZA

Hay quienes gustan de los cementerios para pasear en ellos como quien lo hace en un parque, sin importarles qué muerto, ilustre o no, va quedando a su lado mientras caminan distraídos. Quieren paz. Y ahí la encuentran.

Juan de Dios Peza fue un poeta mexicano de fines del siglo XIX y principios del XX. Floreció en tiempos del dictador Porfirio Díaz, y fue diputado, además de periodista y diplomático adicto al régimen, en el cual encontró paz y orden, en el que alcanzó enorme popularidad con sus poemas que le valieron el sobrenombre de Cantor del Hogar; y en efecto, en la América de habla española no había un solo lugar de clase media para arriba en que no disfrutara cualquiera de sus innumerables libros, o cantina en que los más aguerridos bebedores no recitaran con emoción uno de sus poemas más populares, el titulado «Reír llorando». Y es de este poema, que yo también aprendí de memoria en su momento, de donde he tomado el epígrafe que encabeza estas líneas destinadas a recordar ciertos cementerios y ciertas tumbas.

La interrogación «—¿Vais a los cementerios?» es formulada en el poema por «un médico famoso» a «un hombre de mirar sombrío», quien ha acudido a consultarlo en busca de alivio a su tristeza —como se sabe, antes llamada melancolía y hoy, vulgarmente, depresión–, y que al final resulta ser nada menos que David Garrick, el más grande actor inglés shakespiriano del siglo XVIII, circunstancia que el «médico famoso» y nosotros como lectores del poema solo sabremos en el último verso. Sin vacilar, el interrogado responde taciturno: «—Mucho, mucho». Pero a todo esto —podríamos preguntarnos–, ¿por qué David Garrick? Porque siendo este el cómico más celebrado de su época era el único ser capaz de mitigar la tristeza del más triste de los hombres.

Recordé a cada paso este poema cuando hace poco, en la ciudad de Zürich, di rienda suelta a mi propio impulso de visitar cementerios, no en busca de paz ni de consuelo sino de ciertas tumbas, en esta ocasión, en primer lugar, la de James Joyce. «—¿Vais a los cementerios?» Somos muchos los que hemos visitado el Père-Lachaise, de París, que a todos nos entusiasma, a algunos en tal forma que siguen en él, como el escritor Miguel Ángel Asturias, Premio Nobel de 1967, cuyo amor a aquel sitio lo llevó a exigir ser enterrado allí. Perdón. Vuelvo rápidamente a Zürich, en donde Joyce falleció en 1941, a los cincuenta y nueve años, operado de urgencia en una clínica de la Cruz Roja, operación a la que sobrevivió, únicamente para morir en ella tres días después a causa de la peritonitis que se declaró la noche del 12-13 de enero, en que murió solo, llamando a Nora, su mujer, y a su hijo Giorgio, quienes por orden de los médicos descansaban a unas cuadras de ese lugar.

Los doctores María y Laurence Jacobs nos llevan a Bárbara y a mí al cementerio Fluntern, en el cual, después de una minuciosa investigación de cada quien por su lado, encontramos por fin la tumba del escritor que, dentro de la notoria sobriedad de aquel lugar semejante más bien a un parque con grandes árboles perfectamente cuidados, parece desentonar un poco debido a la estatua de bronce (no vi otra en el cementerio, como no vi mausoleos con cúpulas, ángeles y esas cosas) de Joyce, que está ahí sedente, con gafas, el cabello peinado hacia atrás, la pierna derecha cruzada sobre la izquierda, su bastón a un lado, un pequeño libro en la mano izquierda, un cigarrillo en la otra mano y el rostro dirigido un tanto hacia su derecha, como si se rehusara a ver su propia tumba situada poco más de un metro frente a él, y en cuya lápida puede leerse su nombre, el de su mujer, el de su hijo y el de una de sus nueras; y su figura en general es la misma que uno ha traído por años en la mente gracias a las fotografías a que parecía tan adicto. A la izquierda, a escasos diez metros, se encuentra casualmente la tumba de Elias Canetti, con solo su firma muy grande grabada en el mármol, y quizá dos fechas.

Pero se ha hecho tarde, y ya en plan de Garrick hay que desplazarse a otro cementerio para mirar durante unos minutos la tumba de Thomas Mann, antes de ir, con otras intenciones y otro espíritu, al barrio céntrico de la ciudad en donde se halla la casa en que vivió un tiempo Vladimir Illich Ulianov, llamado Lenin, y observar desde la calle adoquinada la placa conmemorativa a la altura de la segunda planta; y de ahí al café Odeon en el que los dadaístas, con Tristan Tzara a la cabeza, meterían, aparte del que hacían en el cabaret Voltaire, su cuartel general, todo el ruido que les fuera posible bajo el mismo techo en que Lenin escribía quién sabe qué páginas con la esperanza de cambiar la historia, y tal vez el mundo, pero no al hombre, pues el hombre no cambia; y es lo que finalmente da a entender el sombrío visitante de cementerios en el poema de Juan de Dios Peza cuando el médico famoso le asegura que solo viendo a Garrick podrá curarse:

«—Yo soy Garrick; cambiadme la receta».

El pequeño mundo del hombre

Llevo años de ser un lector fiel y perseverante del libro *El pequeño mundo del hombre,* de Francisco Rico, desde mucho antes de que este gran erudito pasara a formar parte de la Real Academia Española de la Lengua, o de que adquiriera la amplia notoriedad que le deparó su espléndida edición del *Quijote,* que por cierto es solicitado en las librerías como el *Quijote* de Rico, y llamado también de esta manera en las reuniones de intelectuales o simples escritores. En forma confidencial he de confesar que desde que con cierta frecuencia voy a España he deseado conocer personalmente a este autor; pero la timidez o el respeto, o estos dos elementos juntos, me han impedido buscarlo o propiciar un encuentro; aparte quizá de su fama, no sé hasta qué punto merecida, de hombre esquivo y poco dado a este tipo de lo que a falta de un término más adecuado llamaré maniobras. Así pues, durante todo este tiempo, a raíz de la primera lectura de su libro he jugado con la fantasía de comunicarme en alguna forma con él (hoy uso esta) a propósito de un pequeño hallazgo que sobre el tema central de *El pequeño mundo del hombre,* es decir, el del hombre como un microcosmos, réplica exacta del universo, hice ya hace un buen tiempo. En efecto, *El pequeño mundo del hombre* trata en su totalidad del concepto del hombre como tal microcosmos (idea que ha recorrido y cautivado a la cultura occidental desde la antigüedad clásica griega hasta nuestros días) con solo una limitación expresada en el subtítulo: «Varia fortuna de una idea en la cultura española», limitación por supuesto deliberada, pero que no ha impedido a su autor, a través de numerosas notas de pie de página y de una Posdata de 1985 (el libro había sido publicado por primera vez en 1970), referirse, así sea sesgada o sumariamente, a otras culturas europeas. Pero por ahora baste con indicar que en este libro se registra minuciosamente el paso de la idea del hombre como microcosmos en autores que van, o que vienen, desde Diego García de Campos, Raimundo Lulio o don Juan Manuel, hasta Rubén Darío o más acá, pasando por fray Luis de León, Lope de Vega, Quevedo, Gracián y Calderón de la Barca. El hombre, microcosmos correspondiente, parte por parte, al mundo grande que nos rodea, con la Tierra, el Cielo, el Sol y las demás estrellas, que dijo el otro; y el que los «doctos», apunta Rico, «hallan resumido en el hombre, mundo menor».

Nada me gustaría más que seguir aquí paso a paso los de Rico a lo largo de la cultura española, y antes a los orígenes de este concepto que, por cierto, ha vuelto a adquirir alguna vigencia (no sé hasta qué punto seria) con la reaparición en nuestros días de cierta afición a la astrología; pero mi intención es tan solo la de traer a cuento una clarísima alusión a nuestro asunto hecha por el poeta John Donne en la Inglaterra del siglo XVIII, y honrar a la vez la memoria de un ilustre hombre de letras mexicano que lo tradujo en parte, Octavio G. Barreda, quien de paso se incorpora así a este gran tema en español. Barreda fue el fundador de la que con los años (duró tres y medio) se ha convertido en la mejor revista literaria mensual publicada en cualquier época en México: *El Hijo Pródigo*. Colaboraron en ella muchos de los más sobresalientes escritores hispanoamericanos, españoles y de otras lenguas. Y fue precisamente en el primer número (15 de abril de 1943) en el que Barreda publicó su traducción de algunos segmentos de la obra en prosa, la menos conocida, de John Donne: varios de sus sermones y devociones, que en buena medida contradicen o complementan la fama del turbulento poeta inglés, satírico, amoroso y tantas cosas más, clasificado por la crítica como «metafísico» ante la dificultad de encasillarlo de algún modo más tranquilizante. *Libro de oraciones* se ha llamado el que recoge sus escritos religiosos del final de su vida. Pues bien, y para cumplir con lo prometido, transcribo ahora un fragmento de una de sus *Devociones,* «I. Meditación», que la curiosidad de Barreda tradujo y publicó en el lugar señalado, titulada originalmente *Insultus Morbi Primus,* es decir, «La primera alteración, el primer quejido de la enfermedad», y en la que se toca en forma por demás gráfica el tema del hombre como microcosmos, que Francisco Rico rastreó y enriqueció en *El pequeño mundo del hombre.* Dice Donne en ese texto:

¡Variable, y por tanto, miserable condición de los mortales! Hace un instante estaba yo bien, y ahora en este instante ya estoy enfermo. [...] ¿Será este el honor que el hombre tiene por ser un pequeño mundo, que tenga estos terremotos dentro de él, inesperadas sacudidas; estos relámpagos, inesperados destellos; estos rayos, inesperados ruidos; estos eclipses, inesperadas ofuscaciones y oscurecimientos de sus sentidos; estas incendiadas estrellas, inesperadas exhalaciones ígneas; estos ríos de sangre, inesperadas aguas rojas? Por tanto, solo es él un mundo por sí mismo, a fin de que se baste a sí mismo, no solo para aniquilarse y ejecutarse por sí mismo sino para presagiar esa ejecución que pende sobre sí...

¿Qué más?

Mi primer libro

> Haz lo que amas. Conoce tu propio hueso, róelo, entiérralo, desentiérralo y vuélvelo a roer.
>
> Henry David Thoreau

I

Poco después de aceptar la honrosa invitación a venir aquí me proponía tratar determinado problema literario que ha andado rondándome durante los últimos años, cuando una amiga me confesó que si ella tuviera que acudir a algún sitio para escucharme hablar en persona, lo que le gustaría oír sería no una disertación académica probablemente abstrusa, sino algo sobre mí; en mi calidad de escritor, tal vez; pero también como individuo; que naturalmente yo podía reservarme mi intimidad, pero que por lo menos le interesaría conocer algunos aspectos de mi vida: de dónde procedo, por qué causas vivo en México, y en qué circunstancias he escrito y publicado mis libros. En fin, que puesta a escuchar a un autor, preferiría oírle más cosas acerca de él mismo que sus opiniones sobre cualquier problema abstracto.

Como su argumento me pareció razonable, es lo que me propongo hacer ahora.

Pues bien, en las contraportadas de mis libros casi siempre se indica que soy un escritor guatemalteco exiliado en México. Más tarde, en las reseñas periodísticas suele llamárseme guatemalteco-mexicano, y en algunas hasta mexicano sin más. Últimamente se anuncia que nací en Tegucigalpa, la capital de Honduras, el 21 de diciembre de 1921.

Con el objeto de tranquilizar a aquellos que ven en mi lugar de nacimiento una suerte de anomalía, en mi libro *Los buscadores de oro* puse lo siguiente:

> Para quien en un momento dado decide que va a ser escritor, no existe diferencia alguna en haber nacido en cualquier punto de Centroamérica, en Dublín, en París, en Florencia o en Buenos Aires. Venir a este mundo al lado de una mata de plátano o a la sombra de una encina puede resultar tan bueno o tan malo como hacerlo en medio de un prado, en la pampa o en la estepa, en una aldea perdida de provincia o en una gran capital. El pequeño mundo que uno encuentra al nacer es igual en cualquier parte en que se nazca: solo se amplía si uno logra irse a tiempo de donde tiene que irse, físicamente o con la imaginación.

De Honduras —adonde por cierto no he vuelto hasta hoy—, tras numerosas idas y venidas de un país al otro, pasé a vivir a Guatemala en 1936, supuestamente en forma definitiva. No fue así.

La razón fundamental y detallada de mi traslado a México podría resultar aquí una historia demasiado larga. De manera que me limitaré a señalar que el hecho físico ocurrió en 1944, tres años después de que yo comenzara a publicar mis primeros trabajos: cuentos y pequeñas prosas aparecidos en periódicos de Guatemala, así como en una revista literaria, *Acento,* que fundamos un grupo de escritores jóvenes y en la que de manera oblicua desafiábamos las diversas modalidades de censura impuestas por el gobierno del general Jorge Ubico, un sanguinario tirano tropical a caballo, tonto, vanidoso y tan sin relieves que apenas daba para inspirar uno o dos chistes al año. Gobernó catorce. En ese corto o larguísimo lapso este general se entregó a la tarea de asesinar a sus opositores, entre ellos los trabajadores de las fábricas que trataran de organizarse en sindicatos o simples cooperativas (paréntesis: en su delirio anticomunista el general prohibió por decreto el uso de la palabra «obrero»); de perseguir implacablemente a los trabajadores del campo y a los campesinos desocupados (paréntesis: autorizó en la misma forma a sus protegidos terratenientes a matar en el lugar a quien sorprendieran robando fruta de un árbol); al mismo tiempo que se dio maña para poblar el país de tantos soplones, orejas y policías secretos que todavía no me explico cómo mis compañeros y yo llegamos a entendernos y a confabularnos contra él en el más puro estilo de los conspiradores rusos enemigos del zarismo. Todavía recuerdo el sabor de la cuartilla escrita a máquina, partida en pedazos, que tuve que masticar y tragarme cuando cierta medianoche, al salir de una casa conspirativa, varios compañeros y yo creímos observar que un esbirro nos perseguía. Cuento esto en recuerdo de mis compañeros Carlos Illescas, Guillermo Noriega Morales y Francisco Catalán, que habrán tragado también cada uno su parte.

De hecho, la publicación de mi primer cuento en el diario *El Imparcial* marcó pronto mi postura frente a aquel régimen. Se trataba de una sátira un tanto ingenua (el protagonista, trasunto de Gwynplaine, el hombre que ríe de la novela de Víctor Hugo, situado en el infierno, protestaba riéndose, mientras era torturado, contra varios impuestos existentes ahí, semejantes a los establecidos en Guatemala por el dictador); pero a la policía el cuento no le pareció tan inocente, y cuando fue propuesto para ser leído en una radiodifusora cultural la censura lo rechazó de principio a fin, lo que a mis escasos diecinueve años me confirió entre mis compañeros escritores y periodistas cierta aureola de autor perseguido por la tiranía. Y quizá se trató de un primer aviso, porque cuando tres años más tarde el pueblo se levantó contra la dictadura, y estudiantes, obreros y toda clase de trabajadores salimos a manifestarnos a las principales calles de la capital, una mañana del mes de junio de 1944, acción en la que por cierto murió la maestra María Chinchilla, me encontré debajo de las patas de los caballos del ejército, antes de ser, dos meses después, espiado, perseguido y finalmente metido en la cárcel, de la que escapé rocambolescamente para buscar y obtener asilo diplomático en la embajada de México. Esta vez mi crimen (mío y de algunos compañeros, por supuesto) había consistido en la publicación de un periódico político, *El Espectador,* contrario al nuevo dictador que se hizo con el poder a la caída de Ubico, otro general, casualmente, y quizá más tonto, pero sin lugar a dudas más represivo. Eran los años de la Segunda Guerra Mundial y muchos jóvenes de entonces habíamos tomado en serio la lucha contra el fascismo. Tal vez un tanto provocadores, vendíamos nuestro periódico a grito limpio en las calles céntricas de la capital.

Dije antes bajo las patas de los caballos. ¿Recuerdan los versos del poeta peruano José Santos Chocano (1875-1934), modernista, que anheló ser proclamado El Poeta de América y murió asesinado en Chile, en su poema «Los caballos de los conquistadores»? Estoy por afirmar que no, que no los recuerdan. Pero en realidad no importa. Todos esos versos van más o menos como estos:

¡Los caballos eran fuertes!
¡Los caballos eran ágiles!
Sus pescuezos eran finos y sus ancas
relucientes y sus cascos musicales.

Y bien, yo puedo asegurarles que además de fuertes y ágiles los caballos son por otra parte muy bellos y agradables de ver, siempre que se tenga la suerte de no verlos desde debajo de sus vientres, y que además quien los monta no esté alzando un sable contra uno. O, para el caso, hace cinco siglos, una lanza.

Los libros de historia suelen señalar que cuando Hernán Cortés y sus conquistadores invadieron México, los indígenas pensaban que el jinete y el caballo eran el mismo animal. Así era. Y así sigue siendo. Yo lo confirmé en las calles pavimentadas de Guatemala unos cuatrocientos años más tarde, cuando oí desde muy cerca la música de sus cascos y vi los sables amenazantes encima de mí. Uno de ellos le dio un tajo en la frente a mi compañero Otto-Raúl González, que iba a mi lado.

Doy un salto casi ecuestre.

El 8 de septiembre de 1944 llegué a la ciudad de México en calidad de asilado político, gracias a las gestiones del embajador mexicano en Guatemala, don Romeo Ortega, que me concedió el asilo aun en contra de la voluntad del gobierno local. Días después me envió a México por tren acompañado por el secretario de la embajada, quien durante todo el trayecto de un día llevó una bandera mexicana en sus rodillas, listo a desplegarla como símbolo de extraterritorialidad ante cualquier intento de intervención del ejército guatemalteco. Por mi parte, yo llevaba como único equipaje un suéter y los *Ensayos* de Montaigne en los dos tomos de la primera traducción completa al español hecha por Constantino Román y Salamero, que todavía conservo; aparte del gran gusto de tener que ganarme la vida en la ciudad desmesurada y desconocida, la Ciudad de los Palacios, que yo imaginaba relumbrante de mármol y de oro. Los veinte pesos mexicanos que simbólicamente me había obsequiado el embajador Ortega, y que yo con gesto romántico me había prometido no gastar jamás, fueron consumidos en cervezas en la ciudad fronteriza de Tapachula en honor de mis acompañantes mexicanos y de mi feliz arribo a la libertad.

Una vez en la ciudad de México, ocupando un cuarto de criados en la azotea de un edificio de la calle Luis González Obregón n.º 5-22 en el centro, fui aspirante a mesero (aceptado) en un restaurante, corrector de pruebas para la editorial Séneca, fundada por refugiados españoles, que dirigían el padre José María Gallegos Rocafull, autor de la mejor traducción al español de las *Cartas a Lucilio* de Séneca, y el poeta José Bergamín; y redactor (usando máquinas de escribir antiguas, marca Oliver, que se alquilaban por hora en los portales de Santo Domingo) de una Enciclopedia González Porto, que se destruyó a medio hacer en un incendio. Pero poco tiempo después el nuevo gobierno surgido de nuestra revolución del 20 de octubre me asignó un modestísimo puesto en la embajada de Guatemala, en donde permanecí trabajando durante los nueve años siguientes. En México terminé de hacerme escritor, y en México he publicado por primera vez todos mis libros, diez, hasta el día de hoy, que comprenden cuento, novela, fábula, ensayo, entrevista, diario y memorias. Es fácil observarlo: en nuestra sociedad de la abundancia y la comercialización abusiva, diez libros no son muchos libros. Uno por cada seis años desde que comencé a publicar, lo que atribuyo al continuo ejercicio de mis vicios más arraigados: la pereza soñadora que confesaba padecer Thomas Mann, y la lectura, que vienen a ser equivalentes; pero sobre todo al supersticioso respeto que desde niño me inspiró la palabra impresa. A veces pienso que ese respeto, y otro tanto de temor, debo imputarlos al hecho de que soy autodidacto y, por consiguiente, a una formación demasiado severa y exigente en cuanto a mis lecturas, formación que nunca recibió otro estímulo que la curiosidad ni tuvo otro guía que mi instinto, pero que hizo desarrollarse en mí una desmedida veneración por los autores clásicos que leía, a los que consideraba inigualables y en buena medida vigilantes.

No obstante, creo que diez libros, así espaciados, pueden ser suficientes para expresar algo de lo que uno ha visto y oído, sufrido o gozado en este mundo, en el que aprendí en carne propia lo que son la temprana orfandad, la pobreza y el duro trabajo para subsistir en la adolescencia, prácticamente en la niñez; las luchas callejeras y la persecución política en la primera juventud, el destierro, la convivencia forzosa al lado de tontos con poder, las ilusiones perdidas, los fracasos amorosos, la alegría del verdadero amor compartido.

Así, mientras vivía y esas obras se formaban en mi imaginación, he sido amigo de hombres y mujeres de pureza extraordinaria, los cuales, enfrentados plenamente a lo que consideraban su deber, ofrendaron sus vidas a sus ideales de justicia para que otros, a quienes ni siquiera conocían personalmente, pudieran vivir con dignidad; a la vez que he visto a algunos, que traté de igual manera como amigos, traicionar sus supuestos mismos ideales y convertirse en delatores de aquellos que en un tiempo llamaban hermanos; y he tratado de cerca a poderosos mandatarios hoy investidos de plena y legítima autoridad y mañana sometidos a la humillación y el destierro, como personajes dignos de *La vida es sueño* de Calderón.

¿A qué viene todo esto?, podría preguntárseme.

· Pues bien, todo esto viene a que, una vez en las páginas de los mencionados libros, muchos o pocos, ese complejo mundo de encuentros y desencuentros se convierte a veces en una sola línea, o en una simple alusión que de todo ello han extraído su carga emotiva, de melancolía o de encantamiento.

II

No me propongo aquí referirme a todos esos libros, pero espero que su paciencia me permita contar la génesis de por lo menos uno, el primero.

En 1957 mi amigo Henrique González Casanova me dio un empleo en la Universidad Nacional Autónoma de México, en momentos en que yo padecía todas aquellas privaciones y carencias que mis diferentes exilios me habían hecho familiares. En esos días yo acababa de regresar a México de una ausencia de tres años; uno como diplomático en Bolivia y dos como desterrado en Chile, y vivía mi primer matrimonio y mi primera hija.

Para entonces contaba yo con cuentos escritos en México y en aquellos países; pero publicados de modo tan disperso en el tiempo y en el espacio que puede decirse que en la práctica nadie se había enterado de su existencia. Así, a los treinta y seis años yo era para muchos un autor inédito. Tal vez pensando en eso, y con el deseo de remediarlo, mi amigo mexicano me sugirió reunir cuanto antes algunos de aquellos trabajos para ser editados en un volumen por la Universidad.

Acepté, por supuesto, pero la idea de convertirme en autor en serio me asustaba, y no lo hacía, y los meses comenzaron a correr, hasta que una mañana mi amigo me hizo acudir a su oficina de Director de Publicaciones y una vez ahí me dijo, con el índice de su mano derecha dirigido hacia mí, que si en los próximos treinta días yo no le presentaba los originales del volumen en cuestión, me despediría, pues —enfatizó— no me había otorgado aquel empleo para que me convirtiera en un simple burócrata sino a fin de que yo tuviera un lugar adecuado para pensar y escribir, y que si esto se materializaba en libros, mejor. Entre mi miedo a publicar mis cuentos en un libro y el de que mi hija se quedara sin comer y sin techo, venció este último. Así que como pude conseguí un par de tijeras y un frasco de goma, y cortando allá y pegando aquí armé mi original con los cuentos que consideré publicables, entre ellos el titulado «El dinosaurio», que por sus dimensiones y por su carácter aparentemente festivo ha contribuido a que el público y los críticos supongan que solo escribo cosas brevísimas y, además, humorísticas. Y lo que es peor, a que crean que tienen la obligación de reírse cuando por casualidad leen algo mío. (A propósito de esto, hace algunos años un crítico mexicano cuyo nombre calla la piedad, refiriéndose a otro de mis títulos, *La palabra mágica,* concluyó que este constituía un fracaso de todo a todo, si no es que un engaño al público, pues durante su lectura —escribió— la risa, según él predecible, se le caía a cada rato de la cara. Ah, pensé, qué hombre tan tonto).

Todavía, movido por la inseguridad, realicé un último intento de salvarme y puse como condición (yo, poniendo condiciones) que Rubén Bonifaz Nuño, poeta amigo mío, traductor de Virgilio y de Catulo, y que trabajaba también ahí, dictaminara si el volumen debía publicarse o no, y que yo me atendría a su juicio sin causar más problemas. Pero un día después el poeta, siempre generoso, lo aprobó sin más. Entonces, aleccionado por el ejemplo de don Quijote, que en el capítulo primero de su historia no quiere poner a prueba por segunda vez la celada que acababa de hacer pedazos de dos golpes, yo también di mi libro por bueno, y así fue como este, diseñado tipográficamente por Joaquín Díez Canedo, vio la luz en la Imprenta Universitaria y en el mes de diciembre de 1959, d. C.

Unos cuantos meses más tarde, y a pesar de la animadversión de un crítico, el inolvidable novelista Rubén Salazar Mallén, que lo descalificó de inmediato llamando a su autor «un humorista sin humor», apareció, entre más de una reseña favorable, la segunda edición; y yo comencé a sentir que todo había sido para bien. Pero ¿qué se podía esperar?, tardé otros diez años en publicar un segundo libro, *La Oveja negra y demás fábulas,* ya fuera por parecidos motivos o por andar, como se dice, enredado en cosas de la vida.

El título

Otra circunstancia que hizo suponer a algunos críticos que mis intenciones eran humorísticas fue sin duda el título: *Obras completas (y otros cuentos).* Y sí; debo reconocer que se trata de un título más bien raro: titular uno *Obras completas* su primer libro, de escasas ciento treinta páginas contando las en blanco, no es muy común, y hasta supongo que nadie lo había hecho antes ni lo ha intentado después. Pero el añadido entre paréntesis: «y otros cuentos», lo salvaba a mi entender de cualquier apariencia pretenciosa. La verdad es que ese título se me había ocurrido muchos años antes, en Guatemala, destinado a un conjunto de cuentos aún no escritos ni por asomo, uno de los cuales tendría que denominarse por fuerza «Obras completas», además de que su asunto debía, también por fuerza, corresponder a ese título.

Con referencia a esto quiero recordar que el notorio poeta y narrador guatemalteco Rafael Arévalo Martínez (1884-1975), autor del extraordinario relato que tiene como protagonista no declarado al gran poeta colombiano Porfirio Barba Jacob, titulado «El hombre que parecía un caballo», nos aseguraba una tarde en Guatemala que quien tenía el título tenía el poema. «Denme el título —afirmaba con su voz aflautada aquel hombre de delgadez impresionante—, denme el título y les daré el poema». Y yo, movido por su convicción, invertí desde entonces largas horas de insomnio ideando títulos para una obra que más tarde o más temprano escribiría. Pero sospecho que la de Arévalo Martínez era más una frase que una verdad, a menos que fuera una verdad de poeta, que deben aceptarse sin discusión.

Durante años, pues, una de mis obsesiones literarias consistió en imaginar la trama de un cuento que pudiera titularse válidamente «Obras completas». Por fin, pasado mucho tiempo, siendo yo becario del Colegio de México gracias a la generosidad de Alfonso Reyes, hallé la solución entre los diversos personajes que se movían en ese medio. De pronto vi con claridad algo que había estado frente a mí en el ambiente, y di forma a esa historia en la cual, como sugiriera Horacio Quiroga al final de su Decálogo, yo podía ser uno de los personajes, esa historia triste del joven poeta indeciso y tímido que se aleja de la poesía —su verdadera pasión— sutilmente inducido a ello por la autoridad de un conspicuo profesor, poeta frustrado, que desvía la vocación del artista adolescente, para convertirlo en un sabio erudito como él, seguro de sí mismo y su saber.

(*Y otros cuentos*)

Los cuentos que finalmente reuní no son por supuesto todos los que yo había publicado a lo largo de cerca de veinte años. En cuanto a los que quedaron fuera, siento que me fue fácil sacrificarlos sin mayor remordimiento, toda vez que por más que en su momento su aparición me había ilusionado como a todo autor novato, ahora me parecían lo que en realidad eran: intentos de aprendizaje en el largo camino que los siguió. Ahora bien, en la actualidad no han faltado estudiosos que los exhumen y los publiquen en revistas especializadas, y no sin algún bochorno me veo obligado a reconocerlos como hijos míos. Por cierto, esto, esto trae a colación el arcaico pero siempre actual asunto de si es lícito publicar, en vida de este, o este ya muerto, trabajos que su autor evidentemente ha desechado; lo que nos lleva de la mano al duro caso de conciencia de si debe cumplirse o no la voluntad de aquellos que, en su lecho de muerte, encargan a su mejor amigo quemar la obra inédita que en ese momento, con mano trémula, sacan de debajo de la almohada, en la perversa tradición que nos viene de Virgilio y su *Eneida,* y pasa por las inseguridades de Franz Kafka.

La publicación de aquel volumen fue un tanto tardía, cuando yo andaba ya por los treinta y ocho, y mis compañeros de generación, centroamericanos y mexicanos, cual más, cual menos, se habían convertido en autores de renombre, Juan Rulfo, por solo citar a uno. El cuento más antiguo que el libro contenía era el titulado «Diógenes también». En los tiempos en que lo escribía, yo llevaba unos dos años en México, pero las amistades literarias que había cultivado a partir de mi llegada a este país me obligaron a ser mucho más exigente conmigo mismo que en cualquier otra época de mi vida.

Entre estos amigos se encontraban los poetas Ernesto Mejía Sánchez y Ernesto Cardenal, que procedían de Nicaragua, país en el que a la sombra del máximo poeta moderno de la lengua, Rubén Darío, estimulante y supongo que aterradora a la vez, se comienza a escribir versos alrededor de los siete años. Estaban también el poeta mexicano Rubén Bonifaz Nuño, espléndido por su propia obra y por sus traducciones del latín y el griego, con quien yo compartía la predilección por los clásicos latinos y españoles, de Catulo a Góngora, de Horacio a Virgilio a Cervantes y Garcilaso de la Vega; la mexicana Rosario Castellanos, poeta, ensayista y novelista de extremada agudeza verbal e inteligencia (a pesar de lo cual la mayoría de mis compañeros se iban enamorando de ella uno por uno); en fin, escritores jóvenes de este calibre que no se hallaban dispuestos a dejar pasar nada que no estuviera bien pensado y mejor escrito, y a los que muy pronto se unieron el ensayista y cuentista peruano José Durand, dueño de una gran imaginación, y los cuentistas y novelistas Juan José Arreola y el mencionado Juan Rulfo, clásicos hoy de la literatura mexicana y de nuestro idioma.

Fui muy afortunado al contar con el trato diario de estos primeros interlocutores y lectores, para quienes, tal vez sea duro decirlo, la amistad era algo que se hallaba muy por debajo de la exigencia literaria. Estoy seguro de que el afecto amistoso dependía para ellos, sobre cualquier otra cosa, de que uno pudiera responder en todo momento a aquella exigencia. No formábamos ni un «grupo» ni una «generación», pero nos gustaba repetir a cada instante, como una especie de lema común, la frase atribuida a un personaje romano, que aplicábamos con referencia a la literatura: «Porque vivir no es necesario; pero sí navegar».

Como es natural, la frecuentación de semejantes amigos dio como resultado que para mí el acto de escribir (para no hablar ya del de publicar) haya sido en aquellos años, que, por otra parte, eran de aprendizaje compartido, más una tortura que un goce. Me consuela imaginar que a ellos les ocurría igual, pues lo cierto es que todos sufríamos en busca de la verdad literaria (sea lo que fuere lo que esto quiere decir), de la palabra insustituible y la expresión justa, al tiempo que cotidianamente nos criticábamos unos a otros con entera libertad y franqueza. Gracias a eso también, y como contrapartida, simultáneamente encontrábamos la mejor manera de vengarnos de esas palabras, jugando siempre con ellas, construyendo palíndromos (o palíndromas, como los llamábamos), retruécanos o epigramas, a la vez que soportábamos o disimulábamos nuestras angustias existenciales y nuestras tristezas entre bromas constantes y fiestas con mucho vino.

El deber político, que durante todo ese tiempo cumplí gustoso al servicio de la causa democrática de mi país, me obligó de pronto a alejarme de estos amigos y de aquel ambiente de imaginación que yo amaba y compartía con ellos de manera tan estrecha. En 1953 el gobierno revolucionario guatemalteco, que presidía Jacobo Arbenz Guzmán, me envió en forma perentoria, en el término de veinticuatro horas, a Bolivia con un cargo diplomático ante el gobierno de Víctor Paz Estenssoro, que en 1952 había iniciado también una revolución popular reivindicadora de la libertad sindical, de su principal fuente de divisas, el estaño, y de la propiedad de la tierra, arrebatada durante siglos a los indígenas.

Permanecí ahí poco más de un año, dedicado a la defensa, finalmente sin buen éxito, de nuestro régimen democrático contra las embestidas del Departamento de Estado norteamericano y de la United Fruit Company (que para el caso eran una sola cosa), y que por fin se convirtieron en lo que el secretario de Estado John Foster Dulles, hermano por no sé qué azar del director de la CIA Allan Dulles, proclamó en Caracas como una «gloriosa victoria», es de suponer que tanto de los Estados Unidos como de la Organización de Estados Americanos y la compañía bananera.

Fuera de Guatemala y de México, alejado de mis compañeros poetas y escritores y en plena lucha diplomática antiimperialista, fue realmente muy poco lo que pude escribir en Bolivia, o por lo menos lo que consideré digno de ser publicado. Sin embargo, de aquel tiempo es el primer borrador de mi cuento «Mr. Taylor», que terminé más tarde en mi nuevo destierro de Santiago de Chile, adonde me trasladé en calidad, una vez más, de exiliado político, después de renunciar públicamente a mi cargo diplomático.

III

Debo decir ahora que por dolorosos o difíciles que hayan sido, ni entonces ni nunca me he quejado de mis forzados exilios, en los que por suerte siempre encontré inesperadas compensaciones. Recordaré ahora una, entre muchas. Gracias a la publicación de mi cuento «Mr. Taylor» en el suplemento dominical de *El Siglo,* el diario del Partido Comunista chileno, me buscó y me encontró en Santiago Pablo Neruda, a quien yo había conocido personalmente en México. Habiendo leído el cuento en el periódico de su partido, Neruda le preguntó por mí a nuestro amigo común el economista mexicano Juan Noyola. Sorprendido tal vez por el hecho de que en todo el tiempo que yo tenía de vivir exiliado en Santiago no hubiera acudido a buscarlo, como era la costumbre establecida por cuanto perseguido político lograba refugio en Chile, Neruda me mandó invitar a su casa de Isla Negra, en la que celebraría su cumpleaños número cincuenta y uno, y en donde la mexicana Dolores Yáñez, mi mujer de entonces, y yo disfrutamos de su hospitalidad y de la de Matilde Urrutia, su reciente nueva compañera, en una fiesta que se prolongó por dos días con sus noches, durante las cuales el poeta, rodeado de otros invitados entusiastas, no se cansaba de lanzar al espacio, desde la playa, grandes globos, cuyas luces titilaban tenuemente en su larga trayectoria por el cielo nocturno.

Ahí Neruda me ofreció su amistad, que yo acepté algo cohibido. En días posteriores me pidió actuar como secretario de una revista recién fundada por él, *La Gaceta de Chile,* y por más de un año me brindó múltiples pruebas de afecto que yo jamás habría soñado recibir de aquel poeta de renombre mundial, al que ahora tenía a mi lado casi cotidianamente en su casa de Santiago, y al que tanto admiraba, pero que era de esperar de su espíritu ampliamente generoso y solidario.

Mi vida oscilaba entonces entre el brillante mundo de la CEPAL (Naciones Unidas), en el que contaba con amigos íntimos como el malogrado Juan Noyola, Francisco Giner de los Ríos o Edmundo Flores y, sin que la mayoría de ellos lo sospechara siquiera, la pobreza cercana a la miseria de un cuarto redondo de la calle París, rodeado de prostíbulos, sin ventilación en el verano y sin agua caliente en el invierno. De esos días data, y de esa situación viene, mi cuento «Llorar a orillas del río Mapocho», de título levemente gongorino.

Sin querer me he alejado de mi primer libro.

En una entrevista que mi amigo el crítico uruguayo Jorge Ruffinelli me hizo en 1976, dice que en *Obras completas (y otros cuentos)* hay varios humores. Y así es. El texto titulado «Vaca», por ejemplo, es producto de una vivencia real mía en Bolivia. Durante un viaje en tren yo vi en la árida meseta el cuerpo abandonado de una vaca muerta; por alguna razón me identifiqué con ella y, todavía no sé por qué, la comparé, sin decirlo, al escritor que pasa inadvertido y cuyo mérito nadie reconoce. Ni aun después de muerto.

Tal vez por el recuerdo de las vacas de carne y hueso que todos los días me tocó ver durante años descuartizadas en la carnicería en que trabajé en mi adolescencia, las vacas literarias me han perseguido a lo largo de mi vida, y hace poco, quizá como exorcismo pero también como homenaje, he publicado un libro denominado simplemente *La vaca,* sin adjetivos que pretendieran hacer gracioso o más interesante el título. Estoy seguro de que en mi niñez me volvió sentimental para siempre la vaca del cuento de Leopoldo Alas, Clarín, «Adiós, cordera», que Bárbara Jacobs y yo incluimos en nuestra *Antología del cuento triste;* y, desde que lo supe encerrado por las noches en la Biblioteca Nacional de Guatemala durante los primeros años cuarenta, no he podido borrar de mi mente (será porque no quiero) que por haber perdido descuidadamente una vaca siendo un muchacho, Arquíloco de Paros se convirtió hace veintisiete siglos en el primer poeta lírico de la literatura occidental, gracias a la lira que unas mujeres compasivas le obsequiaron para consolarlo de su pérdida.

Vuelvo al cuento «Mr. Taylor», que está dirigido, sin que esto se mencione nunca en él, contra el demonio de los Estados Unidos y sus empresas, invasoras de Guatemala en 1954. Cualquiera que sea su valor, este cuento fue mi respuesta a aquel hecho abusivo, brutal e injustificado; y he de reconocer que su escritura me creó problemas de orden ético y estético. En aquel momento yo sentí la necesidad de escribir algo contra los opresores de mi país; pero ciertamente algo que no constituyera una simple reacción emocional mía, lo que me habría parecido pobre y hasta cierto punto vulgar. Antes que nada me debatí en la necesidad de encontrar un elemento que fuera como el símbolo de lo que el imperialismo ha significado en todas las épocas y para cualquier comunidad en forma de embrutecimiento, servilismo y corrupción. Y de pronto lo encontré en las cabezas humanas reducidas de los jíbaros sudamericanos, solo que en mi relato reducidas por fuera y por dentro. Como es natural, yo estaba indignado por aquel acto de los Estados Unidos que cancelaba —hay que decirlo— uno de los más limpios proyectos revolucionarios de la historia latinoamericana; pero mi indignación y mi estado de ánimo personales no tenían por qué verse burdamente al desnudo en mi cuento, el cual, según yo, debía ser frío, carente de emoción y casi indiferente, para su mayor eficacia. De esta manera, en los días de los bombardeos norteamericanos sobre Guatemala me obligué a mantener un muy difícil equilibrio entre mi enojo político y mis principios literarios. Curiosamente, y con seguridad como una de las contradicciones del capitalismo, cincuenta años más tarde se publica en Estados Unidos, en inglés y en español, y no pasa mucho tiempo sin que alguna editorial estadounidense pida autorización para antologarlo, incluso en publicaciones destinadas a la enseñanza, propiciando así que esa historia vaya con frecuencia a corromper las delicadas mentes juveniles de aquel país.

El cuento «Primera dama» obedece también a una reacción de carácter político, aunque muy diluida, a fin de que, como en el caso anterior, el producto fuera una obra literaria antes que cualquier otra cosa. En ese cuento quise retratar a cierta clase media guatemalteca muy baja, a la que pertenecían el presidente y la presidenta colocados en el poder por los que alcanzaron la «gloriosa victoria», y su hipócrita atención a los problemas sociales, como lo es que innumerables niños pobres acudan a la escuela sin desayunar. De paso, en un mundo de novelas sobre dictadores como ha llegado a ser el nuestro, quise hacer ahí justicia a las corrientes feministas escogiendo como protagonista no la figura del dictador asesino, que aquí aparece más bien débil en su papel de marido, sino a su esposa que, valiéndose de su poder, se empeña en recitar en público el poema «Los motivos del lobo», de Rubén Darío, ajena en realidad al dolor del mismo, aparentemente preocupada por las urgencias alimenticias de los pobres y empeñada, mediante su incontenible afán declamatorio, en la propagación de la poesía entre la población en general.

«Sinfonía concluida» está extraído, por lo contrario, de la nada; quiero decir que es producto de la pura imaginación. Durante largo tiempo soñé con un cuento basado en la posibilidad de que alguien encontrara por azar, en la pequeña iglesia de un pueblo apartado de Guatemala, los dos movimientos que no se conocen de la *Sinfonía inconclusa* de Franz Schubert, y a partir de ahí inventar la cadena de posibles consecuencias que el hallazgo traería consigo en Guatemala y, sobre todo, en Europa, en particular en Viena, todo ello sin el menor nexo con la realidad: una buena forma, pude haber pensado, de acercarse al realismo. Y es que, sin saberlo, en mis años de aprendizaje coincidí largamente con ciertas tesis de Raymond Roussel, quien sostenía que para él la imaginación lo era todo. En un tiempo, en efecto, yo había considerado por mi cuenta que los narradores debían extraer de su mente cuanto se propusieran contar, sin apoyo ninguno en hechos externos o cotidianos que ellos hubieran podido vivir u observar, y gozaba (cuando no era que me atormentaba) imaginando tramas y argumentos insólitos pero a la vez posibles o verosímiles. Años después, para mi asombro, el ensayista y profesor Mark Millington, de la Universidad de Nottingham, propició una erudita polémica basada en este cuento con su ensayo «On Location: The Question of Reading Crossculturally», recogida en las páginas de la revista *Siglo XX/20th Century,* Universidad de Colorado en Boulder, U. S. A., Vol. 13, No. 1, 1995.

«Leopoldo (sus trabajos)» trata el caso de un escritor excesivamente tímido, escrupuloso e indeciso, que no se atreve a dar por terminado un cuento, el único que ha emprendido a lo largo de toda una vida dedicada a la observación y al estudio; y no es casual que en la época en que yo trabajaba ese texto, allá por 1949, fui víctima de una crisis en la que me sentí incapaz de escribir nada, y mucho menos de publicar lo que escribiera, detenido siempre por el perfeccionismo y las dudas. El psicoanálisis me hizo ver la relación existente entre el protagonista de mi cuento y su autor.

Por lo que hace a «El concierto», había (y aquí sí la realidad no podía ser más real) una hija del presidente estadounidense Harry S. Truman, y esa hija de ese presidente era una cantante puede decirse que mediocre, quien sin embargo durante la presidencia de su papá fue a lo largo y a lo ancho de su país dando recitales que la prensa comentaba, la mayoría de las veces con benevolencia e incluso con elogios. Conscientemente o no, ella aprovechaba el poder de su padre para lograrlo. A fin de no hacer tan evidente la relación con los personajes reales, y quizá con el recuerdo de que el presidente Truman (poco tiempo después de arrojar sus bombas atómicas sobre Hiroshima y Nagasaki), durante una visita oficial a Salzburgo, se sentó resuelto ante un clavecín que había pertenecido a Mozart y tocó en él la canción norteamericana de los años de la Gran Depresión que dice «Yes, we have no bananas to-day» ante la consternación resignada de las autoridades austriacas, en el cuento a ella la transformé en pianista y a él en un gran financiero incapaz de oponerse a sus caprichos, pero dispuesto a pagar sus apariciones en público y a comprar críticas favorables en los periódicos. Pero lo que verdaderamente quiero contar es que en este caso, como escritor, me ocurrió un hecho curioso: en tanto yo escribía su historia, esta mujer se me convirtió dramáticamente en algo que no era lo que yo me había propuesto. Al profundizar en él, el tema pasó a ser para mí el de la inseguridad ante los elogios, el de la duda del artista, de cualquier artista, respecto de los aplausos y el éxito. Cuando finaliza sus conciertos ella escucha las ovaciones entusiastas de sus propios amigos y de los de su padre, y en los días siguientes encuentra en los diarios las críticas favorables; pero a medida que esas críticas son más celebratorias, ella está cada vez más segura de que nada de todo eso es verdadero ni espontáneo, e intuye la verdad que, por otra parte, tampoco desea enfrentar. Nosotros como lectores no sabemos si esta mujer es buena o mala ejecutante, pues el autor no nos lo dice; pero ella vive la sospecha de su propia valía, y sufre. Puedo decir que al escribir el cuento yo también viví la angustia que esa mujer podía experimentar. En esos momentos fui ella y lloré como ella, y desde entonces sé con certeza que si un escritor no comparte internamente y a fondo las emociones de sus personajes, cualquier cosa que salga de su pluma es falsa.

«El eclipse» quiere ser la reivindicación de la cultura maya precolombina y se explica solo; pero a pesar de su tono realista y como documental, se trata de una fantasía, pues ese fraile, Bartolomé Arrazola, nunca existió y, por tanto, no pudo haber sido sacrificado por los indígenas de Guatemala a principios del siglo XVI.

«Diógenes también», la triste historia del trágico fin de un perro doméstico, fue un inconsciente tributo a ese tema —junto con el enterrado vivo— que aparece más tarde o más temprano en la mente de todo cuentista bisoño: la muerte violenta del perro querido de la familia. Thomas Mann también lo hizo, de mano maestra, a los veintidós años, en su relato «Tobías Mindernickel», y otros también lo han hecho. En cuanto a mí, espero que Dios me haya ayudado a salir con bien de ese paso inevitable.

«El centenario», de igual manera que «Sinfonía concluida», es producto de la pura imaginación; pero al escribirlo imprimí tal carácter realista a cada detalle que durante mucho tiempo varios antólogos del cuento latinoamericano se abstuvieron de incluirlo en sus recopilaciones, aduciendo que estaba sacado de la historia.

Y esos, entre otros (el volumen contiene trece), productos de la realidad o la imaginación fueron algunos de los cuentos que me animé a reunir hace cuarenta y tantos años para complacer a mi amigo y no perder mi empleo.

La voz humana

Cuando escuchamos la propia voz en una grabación electrónica, nuestra primera reacción es de extrañeza y rechazo. Por principio de cuentas, no nos gusta nada y, si nos apuran un poco, la encontramos más bien fea, pues siempre estará por debajo de las expectativas que durante su registro pusimos en ella; y no es necesario añadir que la vanidad tiene mucho que ver con esto. Es curioso que no nos pase otro tanto con la voz de cualquier amigo o vecino; pero lo más seguro es que a ellos sí les ocurra con las suyas. Sucede hasta con un simple contestador telefónico. En un rango parecido de cosas, creo que esa misma frustración sentimos con las fotografías que algún entusiasta nos tomó en la última fiesta en que estuvimos; pero por lo regular con estas, es decir, con las fotografías, «como que ya lo sabíamos» y preferimos guardar un avergonzado silencio ante la evidencia de lo que vemos.

Esto de la voz viene a cuento porque una querida amiga mía mexicana me acaba de traer de Italia tres casetes editados

en 1994 por la editorial Mondadori de Milán en los que se re-
cogen las voces de unos cuarenta grandes (varios de ellos que
tan solo parecieron grandes mientras vivieron y coincidieron
con los gustos o las modas de su época; pero en su mayoría
grandes hasta el día de hoy) novelistas y poetas italianos, rusos, franceses, alemanes y de lengua inglesa. Escuchándolos
—para volver a mi tema— me pregunto con verdadera curiosidad cuál habrá sido la sensación experimentada por León
Tolstoi (1828-1910) al oírse leyendo con la voz rasposa de las
reproducciones de su época (y de su edad: Thomas Alva
Edison [1847-1931] gloriosamente vivo en un mundo convencido de la magia de su invento) un indignado texto contra la
pena de muerte; o la de James Joyce (1882-1941) firme y decidi-
da en el fragmento de *Ulises* que lee con cierto apresuramiento
y casi timidez, cuando todos sabemos que Jim presumía con
razón de su espléndida voz de tenor; o la de Aldous Huxley
(1894-1963), que en esta ocasión prefirió hablar en otro idioma que el suyo: el italiano, acerca del futuro de la humanidad,
tal vez anticipándose al temor de cómo pudiera percibirse a
sí mismo en su lengua natal; algo parecido a lo que decidió
Ezra Pound (1885-1972), quien se expresa también en italiano, con firmeza y hasta efusión, antes de lanzar en su elevado inglés su reiterada diatriba contra la usura; Jean-Paul Sar-
tre (1905-1980) comenta con algún atropello, probablemente
en el Flore, su café parisino favorito, su renuncia al Premio
Nobel que le fue otorgado en 1964; en tanto que Gabriele
d'Annunzio (1863-1938), en su casa del lago di Garda, se divier-
te parodiando algunos versos de la *Divina comedia* entre las
bullangueras risas de sus amigas, que se lo celebran; y Thomas Mann (1875-1955) se contenta con saludar al público
desde un hotel de no sé qué ciudad.

Claro que a medida que se acerca a nuestros días la fecha de grabación de todas esas voces, estas dejan de guardar tanta distancia entre la probable realidad y el resultado final, cosa notoria en las intervenciones de Salvatore Quasimodo (1901-1968), Eugenio Montale (1896-1981) o Italo Calvino (1923-1985), que van pareciendo cada vez menos espectrales que la de Vladimir Maiakovski (1893-1930) y la de la hoy más que olvidada Premio Nobel Grazia Deledda (1871-1936).

Quizá deba confesar ahora que, por vía de experimento, en estos días me puse a escuchar mi voz registrada en diversas ocasiones en La Habana, en Madrid y en México, y que, por supuesto, he tenido que recurrir a las necesarias adecuaciones de circunstancias, prisa o lugar, para encontrarlas medianamente aceptables (hechos a un lado el amor propio y la falsa modestia; pero no sin el temor de que los incesantes adelantos técnicos las hagan oír pronto como producto de otro planeta en que los años y aun la labor del minuto habrán de convertirlas).

No me resigno a abandonar este tema sin recordar la espantable impresión que hace ya mucho tiempo me produjo oír en una película española, y por primera vez en mi vida, la voz de don Quijote, con todo su acento castellano, cuando yo la tenía idealizada en sepa Dios qué sublimes registros, ajenos por completo a este vulgar mundo nuestro de todos los días.

Plática con Antonio Marimón

—Monterroso, la aparente brevedad de tus textos, ¿es una elección estética, o un dictado de la pereza, o ambas cosas, o ni una ni otra?

—Ambas cosas; pero sobre todo la primera, es decir, una elección estética. Desde mis primeros intentos como escritor me fascinó la idea, contra la evidente dificultad, de decir lo más posible con el menor número de palabras. Hoy día hasta los niños de escuela repiten el célebre *dictum* de Baltasar Gracián: «Lo bueno, si breve, dos veces bueno». Pues bien, antes de atreverme a publicar nada, en mi adolescencia, yo fui un apasionado lector de Gracián, lo que por supuesto me llevaba a autores admirados y citados por él y cuya brevedad no podía ser mayor.

—¿Como quiénes?

—Bueno, como Marcial o como Horacio, entre los latinos, o Góngora o Garcilaso entre los españoles. Creo que estas lecturas fijaron en mí para siempre el amor por la concisión

y la brevedad, o la manía, según quiera llamársele. Por alguna razón que hay que suponer válida, los elogios a la brevedad han abundado siempre. Poco antes de Gracián, Shakespeare había dicho como de pasada que la brevedad es el alma
del talento, o del ingenio: «Brevity is the soul of wit».

—La elaboración lenta de tus textos, la larga duración entre cada uno de tus libros, ¿se debe a un aliento biológico e
intelectual, o a un desaliento biológico e intelectual?

—Yo no podría decir a qué se debe; pero la verdad es que
escribo con mucha lentitud y dificultad. Por otra parte, nunca he sentido prisa por publicar y no sé si esto sea algo biológico, aunque pueda ser desalentador. A veces he confesado
que se debe al miedo.

—¿A la página en blanco, al público?

—A una y otro. Pero si me pongo a pensarlo yo lo atribuiría
más bien al respeto que siento tanto por la literatura como
por el lector (dos o tres lectores de carne y hueso amigos míos
que andan por ahí y que a lo mejor no han leído nunca un
libro mío, como suele suceder entre colegas amigos) y, si me
apuras, hasta por mí mismo. Respeto, sí, esa es la cosa. Hay
en México una expresión que adopté y he seguido desde
siempre: «Vámonos respetando». Respeto que inspira el oficio, o aquello o aquellos que lo han antecedido a uno, o los
grandes escritores del pasado de quienes un día aprendiste
algo, y que en un momento dado de tu vida te conmovieron
y te marcaron. Pero volviendo a la lentitud, la literatura es
algo que no se puede malabarear por afán de lucimiento, de
figurar, o por prisa. Cuando se hace esto hay el peligro de la
chapucería o lo fácil, con lo que se corre el riesgo de alcanzar pronto un gran público y dar por sentado que ya se es
escritor.

—El epigrama, el comentario liminar, el discurso de circunstancia, la fábula o falsa fábula, son formas practicadas por vos a manera de género. ¿No sientes a veces nostalgia o deseos por géneros más «decentes», más consagrados por la cultura y el sentido común? ¿No quisieras escribir cuentos, novelas o poemas reales?

—No sé en qué sentido no serían reales las cosas que he escrito o escribo. ¿Un cuento o un poema no son reales por ser satíricos, o una novela no lo es por ser paródica? Aparte de que lo real en general es ya un enorme problema de la filosofía, ¿qué sería, pues, lo real en literatura? O no entiendo muy bien tu planteamiento o habría que renunciar de plano a considerar real lo que hicieron Juvenal, o Erasmo, o Cervantes o Byron o Joyce o, más cercanos a nosotros, Borges o Cortázar, que son más ellos en cuanto son más librescos, satíricos o paródicos, y cuyas obras reales, o que quisieron tal vez «decentes», no corrieron con mucha suerte. *La Galatea* y *Los trabajos de Persiles y Sigismunda* fueron las novelas decentes de Cervantes, con las que quiso que se le considerara un escritor «serio». Hay que ver adónde lo llevó esta seriedad.

—El libro, el escritor, los escritores, la literatura, son para vos motivo de parodia y sátira. Para vos la forma literaria explota como un motivo para la broma permanente, parafraseando a un conocido revolucionario ruso; o para llevar la broma al poder, parafraseando a los jóvenes del Mayo francés. ¿Aceptas esa lectura de tus textos?

—No; no puedo pensar que se trate de una broma, ni permanente ni transitoria. Los libros, el escritor, los escritores, la literatura, fueron los puntos de arranque de Cervantes en su mejor obra, que tal vez fue una broma en su época pero que ha pasado a ser considerada la mejor novela de todos los tiempos, de la misma manera que el *Elogio de la locura,* que Erasmo escribió como una «broma» para entretener y hacer reír a su amigo Tomás Moro, se convirtió en el gran monumento que es de nuestra cultura moderna. Bueno, estas dos bromas se volvieron permanentes, ejercen desde su aparición un tremendo y saludable poder, y sin duda inspiraron a los jóvenes del Mayo francés, a los del Octubre mexicano, y quién sabe a cuántos jóvenes más no estén inspirando en este momento en el mundo. ¿Cómo no aceptaría esa lectura de mis textos en su infinito menor valor?

—Veo en tus textos, entre otras cosas, dos tonos de humor. Un humor epicúreo, sensual, y un humor literario, erudito. ¿Cuál fue el primero, o los dos vienen envasados al mismo tiempo?

—Nacieron juntos y siempre van juntos. Prefiero lo epicúreo y sensual sin más; pero en la erudición, y esto lo conocen bien los eruditos, en la erudición hay una sensualidad, un epicureísmo de lo más sutil y quintaesenciado. El hallazgo de un dato desconocido, por insignificante que parezca, en la obra de un clásico, la posibilidad de una nueva lectura de un verso, digamos, de Góngora, pueden ser tan gozosos como el acto mismo de la creación. Quien lo probó lo sabe, como dijo Lope del amor.

—Tito, digámoslo de una vez: en un continente literario sin humor, con mal humor o con poco humor, ¿de dónde salís vos? ¿De cuáles lecturas, estímulos, experiencias?

—Si hay algo de lo que hemos hablado en lo que yo hago, es muy probable que se deba a lo que tengo de guatemalteco. El pueblo guatemalteco posee un sentido muy fuerte del humor; es algo tan connatural en él que con seguridad viene de muy lejos, de su componente indígena maya. Escasamente existe una situación, por difícil o negativa que parezca, que el guatemalteco —debo reconocer que de cualquier clase— no convierta en risible, a través de su aguda percepción de lo falso o lo ridículo que hay en los individuos o en la sociedad. Este espíritu quedó registrado para siempre en nuestra literatura por grandes escritores del pasado, pero principalmente en la obra —que, por otra parte, cabe cómodamente en un volumen normal no mayor de cien páginas— de nuestro gran clásico del siglo XIX, el poeta José Batres Montúfar, cuyas *Tradiciones de Guatemala,* de carácter universal, son una obra maestra de forma —octavas reales— y de fondo —crítica risueña de las costumbres—.

—En tu uso constante de la parodia, ¿cuánto hay de autoparodia? ¿Monterroso toma en serio a Monterroso?

—No hay autoparodia. Pero debo decir que sí tuve ya la suerte, que todo autor debería desear, de ser parodiado en revistas y periódicos. Esto no sucedió cuando aparecieron mis fábulas o mis cuentos sino cuando tuve el atrevimiento de publicar un libro consistente en páginas de mi Diario, uno de nuestros géneros tabú. Algunos colegas de San Blas se escandalizaron con mi osadía y se dieron vuelo burlándose de él y de mí en textos paródicos bastante divertidos, o que a ellos les hacían tanta gracia como a mí. En cuanto a si me tomo en serio, bueno, la verdad es que sí, en la misma medida en que tomo en serio cuanto escribo y publico; pero he logrado disimularlo y a veces hacerme perdonar burlándome un poco de mí mismo y haciendo unas cuantas bromas autodenigrantes, o chistes a mi costa que quienes repiten terminan por creer de su cosecha.

—¿Monterroso toma en serio esta conversación y a este interlocutor?

—Desde luego.

—El no tomar literariamente nada en serio ¿es una inmoralidad extrema, o una recusación moral de la tontería?

—Supongo que después de lo dicho antes no queda más remedio que llegar al círculo vicioso: tomarse en serio, signo muy serio de tontería.

Los mejores del siglo XX

Para bien y para mal, un gran número de los de nuestro oficio de emborronadores de cuartillas (como se decía antes con un dejo de modestia, pues se consideraba una impertinencia llamarse uno a sí mismo escritor) enfrentamos día con día un enemigo que forzosamente hay que tener en casa, ya no solo en un lugar específico de esta, como sucedía en los primeros tiempos, sino prácticamente en cada habitación, sin contar los inalámbricos llamados móviles, que no solo nos acompañan a los lugares más recónditos y recatados, sino también a lo largo de los pasillos cuando hay que caminar de un lugar a otro de la casa con ellos pegados a la oreja; y con esto último revelo por fin lo que ya más de alguno, haciendo gala de perspicacia, habrá sospechado: que me refiero al teléfono. Por pura cortesía asenté al principio de estas líneas que para bien y para mal; pero la verdad es que de la mayoría de las llamadas telefónicas que recibo durante el día (cuando no es en la madrugada debido a que son numerosos los que en Europa, después de quinientos años del descubrimiento de América, todavía no se han enterado de que entre ambos continentes existe una diferencia horaria) me alegran únicamente unas: las equivocadas. Acerca de esto confesaré que desde hace más o menos tres años tengo contratada una persona, con sueldo normal, que tres veces a la semana, y en diferentes días, debe marcar mi número de teléfono a la hora que buenamente se le ocurra, con la única obligación de que cuando yo conteste me diga tan solo: Perdón, estoy equivocado.

Para bien y para mal. En alguno de mis libros me he referido antes a llamadas telefónicas de periódicos o agencias noticiosas que desean mi opinión sobre alguien que acaba de morir, y mi negativa a responder tal pregunta, fuera cual hubiera sido mi aprecio por el difunto o por su obra, que no siempre es el mismo. Pero los temas varían, y actualmente el objetivo puede ir desde la guerra contra el «terrorismo» de los Estados Unidos, hasta mí, o su composición musical favorita, clásica o popular, no importa. Pues bien, hoy ha sido, acaba de ser: ¿podría decirnos, según su criterio, cuáles son los cuatro mejores escritores del siglo XX? Y uno comienza a pensar en los más grandes y famosos novelistas y cuentistas universales, siempre que sean europeos o norteamericanos, nunca chinos o hindúes; pero por lo general se olvida, nadie sabe por qué, de los poetas y ensayistas, sobre todo del propio idioma, reaccionando contra lo cual esta vez me apresuré a declarar que sin apelación eran los siguientes, en el orden en que llegaron a este mundo:

Rubén Darío (nicaragüense, poeta)
Antonio Machado (español, ensayista, poeta)
Jorge Luis Borges (argentino, cuentista, ensayista)

Pablo Neruda (chileno, poeta)

Como el requerimiento no pedía explicaciones, y yo no estaba, ni estoy, para darlas, para bien y para mal me quedé, un poco agitado por el esfuerzo, a la espera de la próxima llamada, que con un poco de suerte podría ser de mi infalible empleado.

La literatura fantástica en México

Con frecuencia estamos más dispuestos a
creer en lo fantástico que en lo real.
¿Quién me cree a mí real, por ejemplo?

EDUARDO TORRES

Cuando oímos la expresión «literatura fantástica» la mayoría
de nosotros imaginamos saber de qué se trata, e incluso algunos aceptamos invitaciones para disertar sobre ella como si
lo supiéramos. Por supuesto, exagero; pero la verdad es que,
por fortuna, hasta ahora no existen definiciones o, mejor pensado, a la fecha existen en el mundo tantas definiciones, limitaciones y condiciones para determinar la existencia de este
género, que cada quien puede, si no formular la suya de manera universalmente aceptable, sí, por lo menos, llegar a un
acuerdo consigo mismo y suponer que sabe de qué habla
cuando habla de literatura fantástica.

También es fácil salir con paradojas absolutas, como decir
que toda literatura es fantástica y, por tanto, que «literatura
fantástica» es solo una comodidad clasificatoria, lo que no
resuelve nada. Teniendo que decirme, yo diría que para mí
la literatura fantástica es aquella que, partiendo de plantea-
mientos realistas, introduce en el relato elementos no sujetos
a comprobación científica, o meramente lógica.

A esto me gustaría añadir un punto de vista que formulé en 1949, en un ensayo sobre Jorge Luis Borges, que decía así: «En las horrorosas alegorías realistas de Kafka se parte de un hecho absurdo o imposible para relatar en seguida todos los efectos y consecuencias de este hecho con lógica sosegada, con un realismo difícil de aceptar sin la buena fe o sin la credulidad previa del lector». En ambos casos el término «realismo» está puesto como condición sin la cual no habría literatura fantástica. Puede ser. Por otra parte, es un hecho que el público, la gente en general, califica de fantástico todo aquello que no comprende o se sale de sus moldes mentales.

Debo decir que cuando fui invitado por la Universidad Complutense de Madrid para ofrecer una charla sobre la literatura fantástica en México, con la indicación, además, de que tratara el tema «en cuarenta o cincuenta minutos», mi reacción inicial, lo confieso, fue de perplejidad. ¿Existía la literatura fantástica en México? Ciñéndome al tema dentro de límites definitorios modernos, ¿era posible hablar de ella durante tal cantidad de minutos sin caer en los consabidos lugares comunes, o en la repetición de los mismos juicios laudatorios sobre los más diversos autores? Pensé que difícilmente. Diré en mi descargo que la misma pregunta se hicieron las primeras personas —entre escritores, profesores de literatura y simples mortales en general— a quienes planteé la cuestión. Por mi parte, yo, ciertamente, conocía la existencia de escritores mexicanos que habían elaborado fantasías extrañas en algún momento de sus carreras; algunos incluso eran amigos cercanos míos a quienes yo había visto debatirse con denuedo dentro de este género; pero mis dudas estribaban más bien en el concepto de «literatura fantástica mexicana» como un bloque, o como algo que se pudiera claramente compartimentar. Y, ya que venía al caso, me era fácil visualizar la literatura fantástica argentina, o la uruguaya, si pensaba en la sobresaliente existencia de un conjunto de nombres tan impresionantes como el compuesto por Leopoldo Lugones, Macedonio Fernández, Jorge Luis Borges y Julio Cortázar en la primera, o de Horacio Quiroga y Felisberto Hernández en la segunda, nombres cuyo solo enunciado remite fácilmente y de inmediato al concepto de fantástico. Era claro que a primera vista eso no existía en México, por lo menos en forma tan diáfana.

Mi segunda consideración fue que, como se sabe, México cuenta con la merecida reputación de ser un país mágico, en el cual, por tanto, cualquier cosa, por quimérica o sobrenatural que pueda imaginarse, corre riesgo de ser, una vez convertida en literatura, como tan natural que el asombro, el miedo o la maravilla que estuviera destinada a producir, se diluiría en la costumbre de lo prodigioso, imaginario o irreal en que el mexicano se mueve con la naturalidad —si se me perdona la metáfora— del pez en el agua.

Hecha esta salvedad, y pasando rápido por ella para evitar el peligro de caer en terrenos sociológicos en este tema en el que quizá todo debería dejarse a la imaginación sin tratar de probar nada, pronto llegué a la conclusión de que la literatura fantástica mexicana existe y está bien, si no como un conjunto definido y visible al primer intento —aunque lo invisible podría ser precisamente un atributo de su ser fantástico—, sí como parte importante de la obra de autores que la han cultivado y la cultivan, si bien un tanto al margen y en forma ocasional.

Por otro lado, es verdad que en cualquiera de nuestros países americanos pueden encontrarse rastros de visiones mágicas y fantásticas desde el amanecer de los tiempos.

A partir de la llegada de Colón, para poner un primer límite a la posible búsqueda de lo fantástico entre nosotros, parte de los asombros y maravillas que los europeos experimentaron a su debido tiempo en América está en las impresiones de los primeros cronistas y viajeros por el mundo recién encontrado. También hay que pasar sin detenernos en las leyendas, consejas y relatos de aparecidos y almas en pena durante los tres siglos de la Colonia. Y, para el caso, de un primer siglo de Independencia.

Pues bien, todo lo arbitrariamente que se quiera, para los fines de esta exposición me he impuesto tres límites, que son de época, de género y de número de autores por tratar.

En cuanto al límite de época, nada me ha parecido mejor —por las razones que expondré más adelante— que la primera y tercera apariciones de un libro extraordinario, la *Antología de la literatura fantástica* compilada por Jorge Luis Borges, Adolfo Bioy Casares y Silvina Ocampo, publicadas en 1940 y 1947 en Buenos Aires; el género será exclusivamente el cuento, excepto en el caso de *Pedro Páramo* de Juan Rulfo; y, por último, el número de autores que mencione no pasará, espero, de una docena.

Poner como linde aquella *Antología* admirable no es tan arbitrario en el caso de México como podría parecerlo en el primer momento. Yo —y solo me pongo como testigo— pertenezco a la misma generación de narradores a la que pertenece Juan José Arreola, la cual —junto con otros escritores centroamericanos y sudamericanos que por entonces vivían y publicaban en México sus primeros trabajos, impresionados todos por ese libro, por las obras de Franz Kafka que en esos años cuarentas empezaban a conocerse en español y, no faltaría más, por la literatura de Borges— comenzó a liberarse del tradicional apego a los temas literarios realistas y circunscritos a lo autóctono, a los problemas de los campesinos y a la Revolución, para ir al encuentro de espacios más complejos en el mundo de la ciudad y de la imaginación. (Como un paréntesis, me gustaría recordar que entre estos autores incipientes se encontraban el poeta Ernesto Cardenal —autor por lo menos de un muy interesante cuento fantástico escrito en esa época, «El sueco», su única obra narrativa— y el peruano José Durand, de rica imaginación y más tarde autor de *Desvariante,* una colección de cuentos de este género).

Por experiencia personal, pues, tengo el convencimiento de que aquella *Antología,* junto a los cuentos cortos de Kafka más que a sus novelas —Arreola, otros amigos y yo habíamos instituido un premio particular y simbólico de veinticinco pesos, moneda nacional, que se adjudicaría a aquel de nuestros compañeros que pudiera demostrar haber leído *El proceso* o *El castillo—,* fue el detonador de un profundo interés en el camino que abría la literatura fantástica como forma de expresión muy antigua y muy nueva, y en la que uno podía aventurarse como en un viaje a lo desconocido.

No; poco tiempo antes la literatura fantástica no gozaba en México de mucho favor. En realidad, su existencia era bastante marginal. Veamos.

En su minuciosa obra *El deslinde. Prolegómenos a la teoría literaria,* de 1944, Alfonso Reyes no menciona ni una sola vez, en forma concreta y definida, el concepto de «literatura fantástica», ni como una parcela de la literatura, ni como corriente estética establecida ni, en fin, como algo que estuviera ahí para ser tomado en cuenta, por su propio derecho, a la hora de estudiar y cercar los fenómenos literarios en general. Y esto en 1944. Cuando Reyes menciona en esa obra algo parecido a la literatura fantástica lo hace de esta manera: «La novela fantástica representa un esfuerzo de emancipación de lo histórico hacia lo puramente literario». Y se detiene indiscriminadamente en lo que denomina «género de anticipaciones» y en autores que van de Cyrano de Bergerac a Aldous Huxley, pasando por el doctor Johnson, Julio Verne y H. G. Wells, para únicamente llegar cerca de la definición que nos interesa cuando se refiere a *La invención de Morel* «del joven argentino Adolfo Bioy Casares», «que merece la fama». De Borges afirma: «El escritor argentino Jorge Luis Borges ha acertado con algunas narraciones trascendentales que, aunque sin trama novelística, crean mundos ficticios; en "Tlön, Uqbar, Orbis Tertius" inventa un pueblo que concibe el universo bajo formas muy diferentes de las nuestras; en "La lotería de Babilonia" (por *en* Babilonia), un pueblo gobernado por el juego de azar». Y en seguida hace una afirmación curiosa: «Estas fantasías van mucho más allá del humorismo y tienen un valor de verdaderas investigaciones sobre las posibilidades epistemológicas». En cuanto a Lewis Carroll, señala que «de él se conservan, en las recopilaciones inglesas de juegos de sociedad, ciertos trucos de naipes fundados en la más ingeniosa aritmética». «Su aptitud —añade— para los malabarismos de la inteligencia hace de él un Poe sin misterio. Nos ha dejado dos libros inmortales para los niños: *Alicia en el reino de las maravillas* y *Alicia allende el espejo*». Los cuentos de Borges, pues, tienen para Alfonso Reyes «un valor de verdaderas investigaciones» y son algo más que «humorismo»; y las obras de Carroll son libros «para los niños». Independientemente de que, si se quiere, así sea en ambos casos, lo que es digno de señalarse es que, en 1944, una de las máximas autoridades literarias de nuestra lengua rodeó todas las posibilidades de una definición, y en ningún momento se refirió a lo que en otras latitudes se había establecido ya como «literatura fantástica». Y precisamente Borges, Bioy Casares y Ocampo habían titulado su *Antología,* en 1940 y con toda claridad, como de literatura fantástica.

Por su parte, en su serio e informado libro *Siete acercamientos al relato mexicano actual,* el investigador norteamericano Russell M. Cluff no usa ni una sola vez la denominación «literatura fantástica» cuando se refiere a autores como José Emilio Pacheco, Juan Rulfo, el propio Reyes, autor del precursor cuento fantástico «La cena», o Juan José Arreola.

Cuando, por su lado, la investigadora mexicana Flora Bottom Burlá escribe su amplio, bien documentado y moderno trabajo *Los juegos fantásticos (Estudio de los elementos fantásticos en cuentos de tres narradores hispanoamericanos)* se ocupa de dos escritores argentinos —Jorge Luis Borges y Julio Cortázar— y un colombiano —Gabriel García Márquez— para fundamentar sus tesis, y solo una vez, de pasada, menciona a un autor mexicano.

Es evidente que he traído todo esto a cuento para justificar mi propuesta de escoger la *Antología de la literatura fantástica* a manera de punto de partida, como algo que marca, creo que no solo en México, una bifurcación muy importante en nuestra literatura. Después de decenios de navegar en las aguas del realismo tradicional, solo removidas un tanto por las escapadas a lo esotérico y lo onírico que tuvieron lugar en varios momentos del Modernismo; con la Segunda Guerra Mundial encima o a punto de terminar; con lo que este conflicto significó de brutal enfrentamiento a la realidad más terrible del hombre, el campo estaba abonado para lo que este pequeño libro, aparentemente banal y escapista, ofrecía en el aspecto de la imaginación y de la exploración de otros mundos, no necesariamente irreales o lejanos.

¿Qué ofrecía? Entre otras muchas cosas, un espléndido prólogo de Bioy Casares, en el cual este autor, en esos días un joven de veinticinco años, dice mucho de lo que entonces había que decir del género, con muy buen conocimiento de su ámbito universal, de sus delimitaciones, de sus trampas (veinticinco años después, en una Posdata, Bioy Casares dice arrepentirse de algunas de sus opiniones de 1940, pero esto hay que tomarlo como una coquetería). Y luego, una vasta y variada selección de textos cortos, apólogos y fragmentos extraídos de los lugares más insólitos o más familiares, como pueden serlo el *Ulises* de Joyce, o el horripilante *Don Juan Tenorio* de José Zorrilla. Y ya en 1965, aumentada en beneficio nuestro y de Akutagawa, Bianco, Bioy, Cortázar, la mexicana Elena Garro, Murena, Wilcock y otros, cuentos, muchos cuentos, en castellano original o traducidos a nuestro idioma por primera vez, como «Enoch Soames», de Max Beerbohm, con su diablo victoriano, su proyección en el tiempo y sus baterías enfiladas contra la vanidad de los escritores; o «Sombras suele vestir» —que, según dicen, José Bianco no pudo terminar a tiempo para la edición de 1940—, con ese título extraño e impreciso que llevaba al recuerdo del fantástico soneto de Góngora dedicado al sueño, autor de representaciones; o «Tlön, Uqbar, Orbis Tertius», de Borges, escrito exclusivamente, uno sospecha, para dar a conocer y justificar la frase ahí atribuida al propio Bioy Casares y que todos recordamos: «Los espejos y la cópula son abominables, porque multiplican el número de los hombres»; o «El sueño de la mariposa», del legendario Chuang Tzu, repetido hoy en nuestra memoria y en el mundo entero; o el siempre conmovedor y horrible «La pata de mono», de W. W. Jacobs; o la reelaboración realizada por el ubicuo Borges del ensiemplo «De lo que contesció a un deán de Sanctiago con don Illán, el gran maestro de Toledo», de don Juan Manuel, titulado ya en la *Historia universal de la infamia* como «El brujo postergado»; o «Josefina la cantora», de Kafka, cuando Franz todavía era un desconocido en lengua española y en muchas otras lenguas; o, por fin, para terminar con esta miscelánea, «Los caballos de Abdera», de Leopoldo Lugones, con su grandioso grito final, que «llenó la tarde»: «¡Hércules, es Hércules que llega!».

Pues bien, aunque la influencia de la *Antología* y del propio Borges era incipiente a principios de la segunda mitad de los cuarentas, puede afirmarse que por primera vez desde Rubén Darío y modernistas que lo siguieron, un autor, Borges, y algunos autores que lo rodeaban influían globalmente en el resto de Hispanoamérica (ignoro lo que haya ocurrido con esto en España, cerrada en esos años a cualquier tipo de influencia externa, por lo menos en forma visible), si no con un movimiento de la envergadura del Modernismo, sí a través de una corriente literaria que ha venido a desembocar en la literatura fantástica como género, por fin, plenamente establecido.

En todo caso, las nuevas tendencias europeas, del tipo de la de Kafka, no vendrían a través de un gran maestro como Alfonso Reyes, que las conocía muy bien y sabía disfrutarlas y señalarlas, sino de un escritor amigo y casi discípulo suyo, Jorge Luis Borges, creador de cuentos y ensayos que llamarían la atención del mundo entero.

De ninguna manera, repito, y a pesar de lo anotado hasta aquí en forma tan general, deseo que se entienda que la literatura fantástica mexicana no existe, o que carece de representantes de primera fila. Para refutar esa falsa suposición bastaría citar el libro *Cuentos fantásticos mexicanos,* de María Elvira Bermúdez, en el que esta escritora e investigadora reúne cuentos de siete de los más destacados autores mexicanos. En el acucioso prólogo ofrece además un panorama teórico en el que expone diversas concepciones de lo que llamamos género fantástico, con sus conocidos antecedentes desde la más remota antigüedad. En cuanto a México se refiere, enumera los distintos temas predominantes en la literatura fantástica de este país, la Muerte con mayúscula y en calidad de personaje, en *La portentosa vida de la Muerte* de Joaquín Bolaños (1792), como la primera producción mexicana que puede ser considerada fantástica.

Consigno esto ahora por si algún curioso desea seguir esta pista; pero prometo no reincidir ni lanzarme aquí tras las huellas de ninguno de los otros autores mencionados por esta investigadora, los cuales, dicho sea de paso, son en número de ochenta y cinco, salvo error u omisión. Me conformo por ahora con sus siete finalistas, a saber, Francisco Tario, José Emilio Pacheco, Elena Garro, Amparo Dávila, Juan José Arreola, Carlos Fuentes y la propia María Elvira Bermúdez. A estos añadiré dos en los extremos: Juan Rulfo y Emiliano González.

Creo que en México quien recogió más brillantemente la nueva señal que venía del Sur fue Juan José Arreola, un escritor perfectamente dotado para hacerlo.

Arreola nació en Zapotlán el Grande, estado de Jalisco, en 1918 y murió en Guadalajara, México, en 2002. Autodidacto, trabajó en múltiples cosas y fue actor, entre profesional y aficionado. Comenzó a publicar cuentos en Guadalajara en 1943, y pronto lo hizo en la ciudad de México, en donde encontró inmediata aceptación. Sus temas y su tratamiento, cercanos a las maneras de Kafka y de Borges (si bien cuando comenzó era ya admirador de los mexicanos Mariano Silva y Aceves y Julio Torri, quienes en la primera mitad del siglo habían escrito extraordinarios textos que a veces se adelantaban a aquellos autores), lo colocan más cerca de lo universal, es decir, de un mundo mental sin fronteras, de lo que ningún autor moderno mexicano lo había estado antes, con la excepción quizá de Alfonso Reyes. Y todo esto sin proponérselo claramente, sin pretensiones conscientes de estar cambiando nada o de constituir una vanguardia, gracias, supongo, a la previa existencia de aquellos escritores mexicanos que, como el mencionado Torri, habían recibido a su vez la benéfica y silenciosa herencia de Charles Lamb, Marcel Schwob y Aloysius Bertrand. «Los principales fundadores de mi estilo», dice Arreola en el prólogo autobiográfico de *Confabulario total,* «Papini y Marcel Schwob». En los primeros años de su producción, los de *Varia invención* (1949) y de *Confabulario* (1952), por otra parte, en México no se manejaba gran cosa el concepto, más tarde tan común, de modernidad. Arreola era moderno sin saberlo y sin propósito de serlo. Sencillamente rescataba, o seguía, el derecho que le daba su temprano acceso a la cultura universal. Así, entre 1945 y 1965, este autor se convierte en uno de los prosistas más notables de la literatura mexicana de este siglo. Solo debo añadir que el ser literatura fantástica algunos de los cuentos incluidos en estas obras no les viene tanto del manejo de fantasmas (que no los hay), o del horror a la manera de la irrupción de lo insólito en lo cotidiano que todos conocemos, sino de sus incursiones a situaciones extrañas y al buceo a profundidades en los terrenos del resentimiento, la duda o la complejidad de las relaciones humanas.

Juan Rulfo nació, al parecer, en Sayula, estado de Jalisco, en 1918, el mismo año y en la misma región que Arreola, lo que viene al caso señalar porque durante mucho tiempo las tendencias de la narrativa en México se polarizaron entre arreolanas y rulfianas, de acuerdo con las situaciones, propósitos y estilos de cada uno de ellos; murió en la ciudad de México en 1986. Para lo que hace a nuestro tema, Rulfo entra en la literatura fantástica por un camino propio y singular. En México no hay hombres lobo, ni seres reconstruidos en una mesa de operaciones, ni vampiros. Pero abundan los fantasmas que se pasean en los cementerios y en las calles de los pueblos perdidos y arrasados por la miseria o por la violencia de la Revolución de 1910. Y hay un fantasma que recorre la obra entera de Rulfo en forma de viento, polvo, desolación y tristeza. Si la atmósfera de que hablan los teóricos es un elemento fundamental en las narraciones fantásticas, las atmósferas creadas por Rulfo son tales que en ocasiones bastan para producir más de un estremecimiento, queramos o no.

Curiosamente, cuando hice una especie de encuesta entre conocedores del género, varios de ellos opusieron fuerte resistencia a considerar fantástica esta literatura de Rulfo, sustentada en seres no venidos del más allá sino en pobres almas no desprendidas aún del todo de su condición terrena, tumbas a medio cerrar, e insinuaciones de muerte en cada página. Tal vez su argumento en contra se basaba, una vez más, en que en México las cosas «son así». Y bueno, cada quien tiene los fantasmas que puede. En cuanto a los de Rulfo, difieren ciertamente de los norteamericanos o los europeos en que, en su humildad, no tratan de asustarnos sino tan solo de que les ayudemos a encontrar el descanso eterno con una oración. Sobra decir que son fantasmas muy pobres, como el campo en que se mueven, muy católicos y, sobre todo, resignados de antemano a que no les demos ni siquiera eso. En pocas palabras, lo que ocurre con los fantasmas de Rulfo es que son fantasmas de verdad. ¿Significaría eso que les neguemos también este último derecho, el derecho de pertenecer al glorioso mundo de la literatura fantástica? Sucede también que hace años se creyó equivocadamente que Rulfo era realista cuando en realidad era fantástico, y nuestra buena crítica estaba convencida de que lo fantástico se hallaba únicamente en las vueltas de tuerca de Henry James o en los corazones reveladores de Poe. Entonces se planteaba asimismo la dicotomía campo-ciudad como el ámbito o los ámbitos posibles de la narrativa mexicana, y en algunos sectores había como la necesidad de escoger tajantemente la ciudad en oposición a los problemas del campo, demasiado usados ya: la ciudad o nada. Rulfo resistió heroicamente esa demanda absurda y, para bien, se dedicó a escribir lo suyo, esas dos obras maestras que son *El llano en llamas* y *Pedro Páramo*.

De Carlos Fuentes (1928[-2012][1]) se señala siempre el cosmopolitismo y la universalidad, pero debe añadirse que la presencia de México es muy intensa a lo largo de su obra. En toda ella, asimismo, hay una obsesión de trascendencia. Su cuento más conocido, y quizá el mejor logrado, «Chac Mool», incluido ya en su primera recopilación de narraciones breves,

1. Añadimos entre corchetes los años de defunción de las personas que no habían fallecido en el momento en que Monterroso escribió estas páginas *(N. del E.)*.

Los días enmascarados, es muestra conspicua de esto: las antiguas edades mexicanas se imponen al presente como algo que siempre estuvo y siempre estará ahí. En la obra entera de Fuentes no hay nunca nada gratuito, y puede decirse sin temor a equivocación que toda ella está cargada de una presencia mexicana que, por supuesto, va mucho más allá del simple nacionalismo. En cuanto a su relación con lo fantástico universal, el propio Fuentes dice: «A través de Paz prolongué y trasmuté mi entusiasmo de la infancia por la novela gótica y las narraciones de lo sobrenatural —Monk Lewis, la señora Radcliffe, Walpole, Maturin, Sheridan Le Fanu, Stevenson, Bram Stoker, Arthur Machen— en la intuición de su gran correlato romántico, no el del falso romanticismo sentimental, sino el de la belleza de lo horrible, que describe un arco de Kleist, Novalis, Poe, Gustave Moreau y Baudelaire al expresionismo y el surrealismo». Para añadir: «La literatura fantástica nace de la convicción de que los monstruos nos ganaron la partida renunciando, mientras nosotros seguimos aferrados a esta envoltura mortal». «De ahí nacieron varios textos míos: "Chac Mool" y "Por boca de los dioses" en *Los días enmascarados, Aura* y "La muñeca reina"». Me he detenido en estas declaraciones de Fuentes por ser él uno de los pocos autores mexicanos que han asumido abiertamente y con entera claridad su relación directa con la literatura fantástica.

Después de estas tres grandes figuras mexicanas representativas de tres tendencias diferentes y bien definidas, me gustaría detenerme en las obras de otros autores más que dignos de atención; por ejemplo, en la producción brillante, sarcástica y lúcida de Francisco Tarío (1911-1977), a quien no se ha dado el lugar que merece, pero cuyo cuento, extraordinario, «Entre tus dedos helados» comienza a aparecer en las mejores antologías del género; en los cuentos de Elena Garro (1920[-1998]), en los que hay poesía y hay magia siempre sorprendente; en los de José Emilio Pacheco (1939[-2014]), brillantes, precisos, como obras que son de una de las inteligencias literarias más relevantes del México actual; en los de Salvador Elizondo (1932[-2006]), hechos de penetración, inteligencia y causticidad; en los de René Avilés Fabila (1940[-2016]), que vienen de la línea de Arreola para desembocar en la de Avilés Fabila; en los de Amparo Dávila (1928[-2020]), Inés Arredondo (1928-1990) o Sergio Pitol (1933[-2018]), todos con amplia visión y penetración psicológica. No estoy muy seguro de que el miedo cósmico de que hablaba Lovecraft, el escalofrío, el horror o los estremecimientos premonitorios de muerte y espanto ante lo desconocido sean las metas que se han propuesto alcanzar estos autores, pero de cualquier manera, y con fines de clasificación, es evidente que en muchos de sus cuentos ninguno de ellos ha sido precisamente realista al uso, ni ajeno a la producción del asombro, ya que no del espanto.

Por último, mención aparte y especial merece Emiliano González, cultivador de auténtica literatura fantástica entendida como género pleno, como línea de pensamiento, y aun como forma de vida totalmente asumidos. Nacido en la ciudad de México en 1955, muy joven publicó la antología *Miedo en castellano* (1975), en la que incluía trabajos de escritores latinoamericanos y españoles; y ha persistido en esto con la recopilación de autores universales titulada *El libro de lo insólito* (1989). Emiliano González, históricamente, es el primero y el único de los autores mexicanos mencionados aquí, y de cualquier tiempo, que se ha arrojado de verdad y con entero valor al fondo de la laguna mágica, para encontrarse de inmediato en el otro mundo, el mundo de la fantasía y el ensueño de los románticos y los simbolistas, del erotismo incandescente, edénico y puro de William Blake, quien recibía a sus amistades desnudo al lado de su mujer también desnuda leyendo *El paraíso perdido* de Milton; de los espectros de Machen y Lovecraft. De todos estos viene Emiliano González, y de esta estirpe son sus cuentos y sus poemas fantásticos recogidos en el libro *Los sueños de la bella durmiente* (1978), única obra mexicana, insisto, plenamente consagrada a la revelación —desde dentro, sin concesiones y con la fe indoblegable del convencido— de lo misterioso y lo incomprensible. «Lo meramente artificial —dice él mismo en *Los sueños de la bella durmiente*—, lo meramente artificial supera a lo natural pero no alcanza la categoría de sobrenatural, que es mi único fin. Esas "delicuescencias" de "La ciudad del otoño perpetuo" sirvieron para ejercitarme en la fatigosa tarea de socavar los cimientos de la naturaleza, pero lo que ahora me ocupa es el proyecto de volar el edificio entero y de suplantarlo por un alcázar en llamas, por una mezquita digna de mis ángeles y mis demonios: un gran éxtasis formado de innumerables visiones, únicos materiales dignos de ese momento sagrado. El artificio estará presente, pero ya no entendido como fin, sino como miedo. Mi fin es edificar un templo, una guarida para la Quimera».

Su nuevo libro, *Casa de horror y de magia,* de once años después, es una buena prueba de que lo está logrando y, de paso, de que la literatura fantástica mexicana tiene por fin un representante genuino, un servidor en cuerpo y alma y tiempo completos.

La pulga en mi oreja

Durante los últimos días me he visto rondado por tres figuras que me han sido siempre atractivas: el poeta inglés John Donne, el poeta español Lope de Vega, y el insecto universal llamado Pulga; y yo mismo me pregunto ahora qué pulga me estará picando que no me deja dormir.

En realidad, hace ya muchos años que no me he encontrado con una pulga, pulga, como no sea mencionada en los libros; pero recientemente, durante una intervención mía en los Cursos de Verano que la Universidad Complutense de Madrid ofrece año con año en San Lorenzo de El Escorial, alguien surgido de pronto del público me interrogó con la mano en alto (sin duda movido por mi condición de aficionado al género de la fábula) sobre cuál era mi animal favorito.

Después de treinta segundos de sincera reflexión, resolví, y así se lo dije, que sin duda alguna tal animal era la pulga, haciendo a un lado a cualquier otro que con todo su prestigio literario, como el león, o todas sus virtudes terrestres, como el perro o el caballo, pudiera considerarse más digno a ser elevado a la calidad de favorito en una solemne sesión académica; y la verdad es que hubo algunas risas.

Sin embargo, en aquel momento yo había recordado para mis adentros que al preparar hacía más de treinta años un libro de fábulas, cuando me vi en la necesidad de escoger el animal que según yo se pareciera más al prototipo del escritor nocturno, dubitativo e insomne, me incliné por el más humilde que pudiera encontrar, esa pulga que en mi fábula se propone ponerse desde mañana mismo al trabajo para convertirse en el gran escritor que anhela ser, siempre y cuando en el camino no se presenten las dificultades y los tropiezos que han tenido que afrontar los verdaderamente grandes; si bien termina envalentonada, como con frecuencia lo ha sido en su vida, capaz de picar y chupar la sangre de los desposeídos, pero también, a lo largo de los siglos, de reyes, papas y emperadores.

En los primeros segundos que me concedí antes de responder la pregunta, invoqué en silencio a esta pulga, que llamaré la mía; pero en los pocos instantes que me quedaban mi memoria saltó a otras dos de mis predilectas: la pulga —«átomo viviente» la llama— del soneto de Lope de Vega, y la pulga —comparada aquí con el azabache— del poema de John Donne, compañeras de siglo, de costumbres y de destino: la de Lope, que muere tras la felicidad de picar «los blancos pechos de Leonor hermosa»; y la de Donne, que mezcla en su diminuto cuerpo metafísico, con la sangre que ha chupado a ambos, tres vidas: la de ella misma, y la del poeta y la de su amada, lo que tampoco la salva de morir triturada por las uñas de esta, en forma igual a como lo fue la de Lope, uñas que

La pulga en mi oreja

para este pasan a ser, no faltaba más, «dos puntas de marfil luciente».

Y en el último momento alcancé todavía a ver el tétrico fantasma de la pulga de William Blake, el cual por fortuna se me apareció en compañía de la pulga de Goethe transfigurada por la música de Modesto Musorsky en la voz de Feodor Chaliapin, que aún resonaba en mis oídos cuando finalmente respondí, decidido, que la pulga, entre —como decía— algunas risas y vagas explicaciones mías acerca de mi pulga escritora, atrapada una noche más por la incertidumbre y el insomnio.

Libros prestados

El antiguo y socorrido tema de si los libros deben o no prestarse no es muy interesante: creo que todos estamos de acuerdo en que los que se prestan están por ello mismo condenados a no volver jamás. Sin embargo, mi propósito en esta ocasión no es insistir tediosamente en semejante tópico, sino realizar un experimento del que espero algo, aunque no sé muy bien qué.

Quizá en otro orden de cosas, durante sus años de gran éxito, el entonces popularísimo periodista y escritor colombiano José María Vargas Vila (1860-1933) hacía imprimir en alguna página de sus libros, *mutatis mutandis,* el siguiente llamado: «Lector: si este libro no te gustó, no lo prestes, pues estarías haciendo un daño a tu prójimo; y si te gustó, tampoco lo prestes, pues estarías haciéndome un daño económico a mí». Si sus miles de lectores atendieron en una u otra forma este pedido, será siempre un misterio; pero tal vez el escritor solo sea recordado hoy por esas líneas.

A lo largo de la segunda mitad del siglo XX presté con verdadero gusto tres obras en idioma inglés a otros tantos queridos amigos interesados en ellos (por ahora no mencionaré sus nombres; pero sí daré algunos indicios acerca de los libros y sus autores, a fin de que más tarde aquellos no puedan llamarse a engaño).

El primero es, ¿o debería decir «era»?, el relato *Kappa,* del enloquecido y suicida (a los treinta y cinco años) cuentista japonés Ryunosuke Akutagawa, a quien algunos quizá recordarán no por haberlo leído sino por haber visto, estoy seguro de que no sin asombro, la película *Rashomon,* basada en un cuento suyo del mismo título. *Kappa,* creo recordar, constituye una fantasía al estilo de las de Jonathan Swift (necesito mi libro para confirmar si esto es así o no) o de alguien similar, si es que alguna similaridad es posible tratándose del creador de los *Viajes de Gulliver.* El segundo se titula(ba) sencillamente *New York,* un retrato vívido y personal de esta ciudad, del dramaturgo y narrador irlandés Brendan Behan, el inolvidable y rebelde autor de unas memorias de prisión tituladas *Borstal Boy,* por el nombre de la cárcel dublinesa en la que en su juventud pasó algún tiempo, y cuya existencia estuvo parejamente determinada por la bebida y el buen humor. El tercero es, o fue, *How to Read a Book,* del ensayista y educador estadounidense Mortimer J. Adler, que representa una verdadera mina para todo aquel que en un momento dado quiera presumir de sabio, pues, entre otras cosas relacionadas con la actividad y el arte de la lectura en diferentes niveles, en sus páginas trae recomendaciones de las cien principales obras del saber universal, desde la Antigüedad clásica hasta nuestros días.

Como tengo la sospecha de que mis amigos leen el mismo diario que yo, he decidido hacer esta prueba para confirmar dos o tres cosas: 1) Si efectivamente leen este periódico; 2) si, en caso de que sí lo hagan, me leen a mí; y 3) si, por extemporáneo que pueda parecerles, están todavía dispuestos a honrar su palabra y cumplir lo que casi de rodillas (bueno, Victor Hugo dice en *Los miserables* que hay situaciones en la vida en que cualquiera que sea la postura que el cuerpo adopte el alma está de rodillas) me prometieron cuando les confié parte de mis tesoros.

Debo declarar, como prueba de la paciencia con que hasta hoy me he conducido, que el más cercano de estos préstamos tuvo lugar hace no menos de veinte años, y el más lejano unos treinta.

En el entendido de que por lo general el ser humano no aprende, hace apenas un lustro (y cuatro meses) presté a otro amigo más un volumen suelto, bastante difícil de conseguir en nuestras librerías, del doctor Samuel Johnson (suficientemente conocido como para cometer aquí la torpeza de explicar de quién se trata), lo que consigno *en passant* con la ilusión de no tener que soportar la misma espera que en los otros casos, cosa prácticamente imposible si se piensa en la edad de unos y otros.

Solo me resta añadir que si por cualquier circunstancia mis amigos no responden en forma concreta a este requerimiento, en próximas entregas comenzaré a hacer someras descripciones de su físico (el actual), de sus actividades profesionales y de algunas de sus (otras) manías, antes de publicar sus nombres acompañados de retratos hablados bajo el letrero de SE BUSCA.

Breve, brevísimo

> El cuento posee cierta superioridad sobre la novela, incluso sobre el poema.
>
> EDGAR ALLAN POE

En la era moderna, desde Edgar Allan Poe, Guy de Maupassant y Anton Chéjov, para mencionar tan solo a los principales iniciadores de su modernidad en el siglo XIX, se escriben cuentos que, sin duda, ya no son lo que habían sido desde tiempo inmemorial. Atrás quedaron los cuentos de hadas, los cuentos de camino real, los «cuentos», entre comillas, de Quevedo, y hasta los cuentos de Calleja, que los hispanohablantes de ambos lados del Atlántico disfrutamos en nuestra niñez, la mayoría de las veces sin saber quién fuera ese falso «Quevedo» al que se solía atribuir cualquier anécdota, cualquier chascarrillo, con tal que fueran colorados o escatológicos; ni mucho menos ese Calleja, que en realidad era Saturnino Calleja, un famoso editor español de libros, y de unos cuadernillos de a centavo en que aquellos «cuentos» venían. Entre nosotros, y en nuestro idioma, perduran gloriosamente a través de los siglos y los cambios los cuentos contenidos en *El conde Lucanor,* del infante don Juan Manuel, o los de

El patrañuelo, de Juan de Timoneda, intemporales y vivos para siempre.

A pesar de múltiples intentos de encasillarlo, o quizá por eso mismo, hoy día es ya casi un problema metafísico saber lo que es un cuento. Sin embargo, la mayoría del público y, triste es decirlo, buena parte de los escritores de cuentos de aquí y de allá no se han percatado de su evolución, y todavía buscan en ellos el cumplimiento de antiguas reglas, como aquella de la exposición, del nudo y del desenlace, y aun se dejan llevar por el fetichismo del final sorpresivo. Lo que es peor, multitud de escritores piensan honestamente (lo que los hace invulnerables) que un cuento es una novela pequeña, pequeñita, y entonces escriben cuentos, dicen sin sonrojo, como descanso entre su verdadera labor creativa, es decir, sus importantes novelas, y no seré yo quien trate de salvarlos de su error.

La verdad es que en su incesante evolución, el cuento de nuestra época se ha convertido en un objeto evasivo, inapresable, desde que ha hecho a un lado las reglas tradicionales, afronta el mundo despojado de sus viejos asideros, y va en busca de lectores más exigentes, menos dispuestos a usar su imaginación y gastar su tiempo en la expectativa de sorpresas finales. En este idioma nuestro basta pensar en Jorge Luis Borges, Julio Cortázar y Juan Carlos Onetti, tres casos enteramente disímiles, para formarse una idea de lo lejos que estamos ya del cuento tradicional.

Permítaseme citar unos párrafos de mi libro *La vaca:*

«Con frecuencia me he preguntado: ¿qué pretendemos cuando abordamos las formas nuevas del relato, del cuento, corto, breve o brevísimo? ¿De qué manera enfrentamos esa vaga o tajante indiferencia de lectores y editores hacia ese género inasible que a lo largo de las edades permanece obstinadamente al lado de los otros grandes géneros literarios que parecen perpetuamente opacarlo, anularlo? Me atrevo a responder que de muy diversos modos, a saber: transformándolo, cambiando su sentido, su configuración; dotándolo de intenciones diferentes, a veces reduciéndolo sin más al absurdo, y aun disfrazándolo: de poema, de meditación, de reseña, de ensayo, de todo aquello que sin hacerlo abandonar su fin primordial —contar algo— lo enriquezca y vaya a excitar la imaginación y la emoción de la gente. En pocas palabras, ni más ni menos que lo que los buenos cuentistas han hecho en cada época: darle muerte para infundirle nueva vida. Y así, generación va, y generación viene, pero el cuento —como afirma de la Tierra el *Eclesiastés*–, el cuento siempre permanece.

»Mas no se trata tan solo de una superficial cuestión de forma, de extensión o de maneras. Cualesquiera que sean las modalidades que el cuento adopte a través del tiempo y en distintas épocas, de cada una de esas épocas perdurarán únicamente aquellos que hayan recogido en sí mismos algo esencial humano, una verdad, por mínima que sea, del hombre de cualquier tiempo. Y de ahí su radical dificultad y su misterio. Ninguna innovación, ninguna ingeniosidad narrativa, ningún experimento con la forma que no estén sustentados en la autenticidad de los conflictos de cada personaje consigo mismo y con los demás, harán por sí solos que determinados cuentos y sus autores se establezcan y perduren en la memoria colectiva y literaria».

Sin poder definirlo, pues, es preferible pensar que podría haber tantas definiciones del cuento como lectores. Cada quien posee una idea muy clara de lo que espera de la lectura de un cuento. ¿Y por lo que se refiere a sus autores modernos?

Vuelvo por un momento a mi texto «El árbol», que incluí en *La vaca:*

«A mediados del siglo pasado, en los Estados Unidos, Edgar Allan Poe perseguía el horror —y también el ridículo: con frecuencia se olvida que Poe escribió cuentos humorísticos—, el horror escondido en lo hondo de cada ser humano: lo buscaba en su propio interior, ahí lo encontraba y lo ofrecía tal cual; en Rusia, Anton Chéjov, por su parte, llevaba dentro de sí la melancolía, la reconocía en las vidas y en las relaciones de quienes lo rodeaban, eso recogía y eso daba, con humor y con tristeza; Guy de Maupassant, en Francia, tendía a lo insólito y lo pintoresco y, ciertamente, no pocas veces también al horror que en todo ello puede haber, y eso nos legó, y su herencia es muy grande.

»Nunca agotadas del todo estas posibilidades, el escritor de hoy, contemporáneo nuestro, retoma lo que queda de ellas, lo mejor de ellas, y con ellas trabaja; pero aunque en ocasiones recurra además a los avances de la psicología en su sentido de ciencia más estricto, intenta ir más allá, y para ir más allá recuerda a Baudelaire y sus poemas en prosa, y un mundo se le abre y por ahí comienza una vez más a explorar; y de esta manera el cuento se acerca a una nueva sinceridad, a una nueva eficacia en su búsqueda de la alegría o la tristeza escondidas en los seres vivos y en las cosas. Y hemos de creer que a veces lo logra».

Recordaré más adelante a Italo Calvino, el gran cuentista y novelista de nuestros días, en sus *Seis propuestas para el próximo milenio,* que en realidad se redujeron a cinco de su plan original, y que sin duda todos los lectores conocen. Estas propuestas de Calvino constituyen al mismo tiempo su testamento literario (como se sabe, murió en 1985, en Italia, una semana antes de dirigirse a la Universidad de Harvard, en donde las leería como conferenciante en la cátedra de las Charles Elliot Norton Poetry Lectures), y son el máximo ejemplo del rigor y la lucidez con que este gran contemporáneo nuestro planteaba los problemas del oficio literario, y de cómo quiso comunicar a los escritores del tercer milenio de nuestra era lo que él pensaba que debía ser la literatura de los próximos mil años.

Para mí, el secreto de esta aparentemente desmesurada pretensión, es decir, el intento de fijar normas estéticas para el milenio entero en que estamos, estriba en el hecho, muy simple, de que Calvino anhelaba tan solo que nuestra literatura (y cuando digo literatura digo literatura, claro) siga siendo en el futuro como lo ha venido siendo durante los últimos veinticinco siglos, pues para fundamentar sus lucubraciones y esperanzas, Calvino se apoya en autores tan distantes en el pasado como Homero, Epicuro y Ovidio, entre otros, al mismo tiempo que en poetas y narradores del Renacimiento y en algunos coetáneos nuestros de todos los días.

«Estoy convencido —dice Calvino en un momento de su conferencia número dos, titulada "Rapidez"; casi como si dijera "Brevedad"— de que escribir en prosa no debería ser diferente de escribir poesía; en ambos casos es búsqueda de una expresión necesaria, única, densa, concisa, memorable».

Y añade, refiriéndose directamente al tema del cuento:

«Es difícil mantener ese tipo de tensión en obras muy largas, y por lo demás mi temperamento me lleva a realizarme mejor en textos breves: mi obra está constituida en gran parte por *short-stories*. Por ejemplo, el tipo de operación que experimenté en las *Cosmicómicas* y en *Tiempo cero,* dando evidencia narrativa a ideas abstractas del espacio y el tiempo, no podría realizarse sino en el breve arco del *short-story*. Pero he intentado también composiciones aún más cortas, con un desarrollo narrativo más reducido, entre el apólogo y el *petit-poème-en-prose,* en *Las ciudades invisibles* y recientemente en las descripciones de *Palomar.* La longitud y la brevedad del texto son, desde luego, criterios exteriores, pero yo hablo de una densidad particular que, aunque pueda alcanzarse también en narraciones largas, encuentra su medida en la página única».

«La conclusión —continúa Calvino— es solo un aspecto del tema que quería tratar, y me limitaré a deciros que sueño con inmensas cosmogonías, sagas y epopeyas encerradas en las dimensiones de un epigrama. En los tiempos cada vez más congestionados que nos aguardan, la necesidad de literatura deberá apuntar a la máxima concentración de la poesía y del pensamiento».

«Borges y Bioy Casares recopilaron una antología de cuentos breves y extraordinarios. Yo quisiera preparar una colección de cuentos de una sola frase, o de una sola línea, si fuera posible».

Hasta aquí el autor de *Seis propuestas para el próximo milenio.*

Creo que en los párrafos citados Italo Calvino plantea, en forma muy concentrada, como era su costumbre, prácticamente los principales puntos que conciernen a la narrativa breve moderna, y he preferido citarlo en forma directa que glosarlo y alejarlo así de la autoría de sus ideas: desde su convencimiento de que escribir prosa y poesía no deben ser cosas diferentes (convicción que he sostenido siempre con firmeza) hasta ese ideal de la suprema concentración de la poesía y del pensamiento, que a veces yo también, ¿lo diré?, he tratado de alcanzar.

Asimismo, pronto aparece en los párrafos de Calvino que he rememorado aquí el tema del cuento corto, al que se refiere en la forma norteamericana de *short-stories*.

Que nosotros digamos ahora cuento corto en vez de simplemente cuento, como se decía antiguamente y como debe ser; bueno, esta vergüenza obedece a que a lo largo del siglo XX los traductores del inglés a nuestro idioma, dueños de poco inglés y de poco castellano, comenzaron a llamarlo innecesariamente así, añadiendo ese «corto» redundante en español como si, dado el caso, dijéramos fábula corta, o refrán corto, o epigrama corto: toda fábula, todo refrán, todo epigrama, son por definición y necesidad cortos; y, por cierto, constituyen una antigua y gran riqueza de nuestra tradición literaria.

Y son precisamente los norteamericanos quienes ahora, atraídos por la *novedad* de los cuentos breves y brevísimos que practicamos en Hispanoamérica, serán los que terminen imponiendo de manera fatal una nueva denominación: *short-shorts,* cortos cortos, como lleva por título la, por otra parte, preciosa antología que Irving e Ileana Howe publicaron en 1982 en los Estados Unidos.

El matrimonio Howe comenzaba así la nota introductoria de su estricta y al mismo tiempo rica colección (traduzco):

«Como otros grandes sucesos de la historia, esta colección de cuentos cortos-cortos tuvo su origen en una conversación familiar alrededor de la mesa de cocina. Uno de los compiladores estaba leyendo un maravilloso cuento del escritor japonés Mishima y, naturalmente, urgió al otro a leerlo, lo que el otro hizo y, por supuesto, estuvo de acuerdo: en efecto, una espléndida obra. A esto siguió una conversación en la cual los dos compiladores se encontraron observando que el cuento de Mishima parecía diferente a la clase de cuentos a que estaban acostumbrados. ¿Cómo así? Este está ferozmente condensado, casi como un poema lírico, rompe en un estallido de revelación e iluminación, se limita a un único y abrumador incidente, conlleva un peso simbólico. Luchando por definir lo que distinguía ese cuento de otros cuentos, los dos compiladores comenzaron a preguntarse: ¿no estarían hablando de un género literario diferente, o de un subgénero que podía ser llamado el corto-corto? Si hay una buena razón para hablar de cuento corto, ¿existirían tal vez otros, no tan excelentes como el de Mishima, pero aun así dignos de ser escogidos y reunidos en un "librito"? Se pusieron a buscar, encontraron, y este es el librito» (*Short-shorts. An Anthology of the Shortest Stories,* David R. Godine, Publisher, Boston, Mass., 1982).

En esa misma Introducción a su *Antología* los esposos Howe proponen además como norma ideal del corto-corto un límite de seis cuartillas, y establecen algunas otras limitaciones que en ese estrecho espacio hallarán forzosamente los autores, hasta encontrarse con que la ley suprema o, más bien, la más grande virtud, será la intensidad, toda vez, dicen, que en este género el autor no tiene una segunda oportunidad. La lista de autores que finalmente incluyeron es impresionante, y va de Tolstoi a Heinrich Boll, pasando por Chéjov, Joyce, Pirandello, Kafka, Doris Lessing, Borges y un servidor, con «El eclipse», incluido en mi libro *Obras completas (y otros cuentos).*

(Aquí quiero intercalar un paréntesis: en la recopilación citada por Calvino, *Cuentos breves y extraordinarios,* preparada por Jorge Luis Borges y Adolfo Bioy Casares y que apareció por primera ocasión en 1953, hay una trampa esencial, habida cuenta que una buena cantidad, ya que no todos los llamados cuentos ahí reunidos, no son cuentos escritos como tales por sus autores, sino fragmentos —todo lo significativos y encantadores que se quiera, pero al fin fragmentos— de obras que van desde novelas y relatos hasta ensayos filosóficos y científicos. Debo añadir que no tengo nada contra esto; pero entiendo que hay que señalarlo).

Calvino habla de tensión, densidad, y de literatura elevada al cuadrado, que en Howe y Howe se resumen en el término *intensidad*. Vimos también de paso, en ambos, Calvino y Howe, el concepto «poema en prosa», que tenía que surgir más tarde o más temprano dentro de este tema, como por fuerza apareció asimismo la cuestión de las fronteras o las afinidades entre poema en prosa y cuento corto. Aquí debo señalar que creo que fue en México en donde se encontró por primera vez una fórmula mágica para designar todos aquellos productos literarios cuyos límites comunes fueran absolutamente imprecisos, y esta fórmula es la denominación «texto» cuando lo que se tiene entre las manos es un poema en prosa que podría ser cuento, o un cuento con apariencia de poema en prosa, y aun un cuento-poema-en-prosa que podría ser a la vez un ensayo disfrazado de todo eso, caso que se repite con frecuencia en la obra del escritor mexicano de la primera mitad del siglo XX Julio Torri. Y así, a la suma de poema en prosa y cuento breve se ha venido a añadir ahora entre nosotros el ensayo breve y brevísimo como tercer elemento de un nuevo género posible, que es cuento y es poema y es ensayo en un solo y mínimo bloque. Pensando en esto, hace unas tres décadas, en 1972, para ser más preciso, puse el siguiente epígrafe en mi libro *Movimiento perpetuo:* «La vida no es un ensayo, aunque tratemos muchas cosas; no es un cuento, aunque inventemos muchas cosas; no es un poema, aunque soñemos muchas cosas. El ensayo del cuento del poema de la vida es un movimiento perpetuo; eso es, un movimiento perpetuo», texto que, dicho sea de paso y como muestra de lo afirmado, junto a varias fábulas mías recoge Luis Ignacio Helguera en su *Antología del poema en prosa en México* (Fondo de Cultura Económica, México, 1993). Y, por su parte, *The Oxford Book of Latin American Essays* incluye como ensayo mi cuento de una línea titulado «Fecundidad», que había aparecido en el mencionado libro *Movimiento perpetuo.*

Dos veces hemos visto usado en lo dicho anteriormente el término intensidad en relación a las principales cualidades que deben existir en un cuento breve; dos veces, quizá porque es más fácil usar el término que explicarlo o definirlo; o tal vez porque se da por supuesto que nuestro interlocutor lo sabe. Y así, no quiero pasar adelante sin por lo menos indagar un poco sobre él. La Real Academia Española lo define como «vehemencia de los afectos y operaciones del ánimo», en tanto que define el adjetivo «intenso» como «muy vehemente y vivo». Por su parte, Julio Casares, en su *Diccionario ideológico,* dice que «intensidad es un grado de energía en lo físico y en lo moral», lo que no nos lleva muy lejos al hablar de esta cualidad en un cuento, si bien añade oportunamente un sentido figurado como «vehemencia de los afectos», que tampoco nos ayuda mucho para detectar cuándo en un cuento existe intensidad o no. María Moliner se decide por «Fuerza con que se manifiesta un estado de ánimo, sentimiento o sensación». ¿Será esto, pues, la «intensidad» que tanto interesa a Howe y Howe? Podría ser. Pero dejémoslo así.

Más bien quiero aprovechar estas líneas para declarar que en los días que corren estoy trabajando en un probable nuevo género, que vendría a ser una conjunción de conferencia-ensayo-cuento-apunte-autobiográfico-ponencia-confesión, todo en unas cuantas páginas o, mejor, líneas, que puede resultar bien; pero para estrenar el cual necesitaré una vez más de audacia, de una osadía que no siempre poseo, pues la verdad es que, contra lo que pudiera suponerse, algunos escritores somos tímidos.

Volviendo a nuestro tema, yo me pregunto una vez más: ¿qué buscamos cuando examinamos las formas breves del relato? ¿Habría que añadir: las formas *nuevas* del relato, del relato breve y brevísimo? ¿Nuevas clasificaciones, quizá, para quedar de alguna manera tranquilos?

Hace algunos años han aparecido en los Estados Unidos dos recopilaciones de cuentos cortísimos (para las medidas de los norteamericanos) tituladas *Sudden Fiction. American Short-Short Stories* (Gibbs M. Smith, Inc., Layton, Utah, 1986), que reúne cuentos de autores exclusivamente estadounidenses, y *Sudden Fiction International* (W. W. Norton & Co., Inc., Nueva York, 1989), con cuentos de escritores del mundo entero. Los recopiladores de ambas son Robert Shapard y James Thomas, y confiesan que tuvieron enormes dificultades, compartidas con algunos de los autores incluidos, para llegar a la denominación general de Sudden Fiction, que la editorial Anagrama de España tradujo literalmente, e hizo bien, como *Ficción súbita,* que espero no prospere en español.

Pero, como decía, no es solo un asunto de medida.

En un texto muy breve que escribí hace algún tiempo, y que publiqué en parte en *La vaca* en homenaje a Juan Carlos Onetti, expresé lo siguiente:

«Si a uno le gustan las novelas, escribe novelas; si le gustan los cuentos, uno escribe cuentos. Como a mí me ocurre lo último, escribo cuentos. Pero no tantos. Seis en nueve años; ocho en doce, y así».

«Los cuentos que uno escribe no pueden ser muchos. Existen tres, cuatro o cinco temas; algunos dicen que siete. Con esos debe trabajarse».

«Las páginas también tienen que ser solo unas cuantas, porque pocas cosas hay tan fáciles de echar a perder como un cuento. Diez líneas de exceso y el cuento se empobrece; tantas de menos y el cuento se vuelve una anécdota, y nada más odioso que las anécdotas demasiado visibles, escritas o conversadas».

«La verdad es que nadie sabe cómo debe ser un cuento. El escritor que lo sabe es un mal cuentista, y al segundo cuento se le nota que sabe, y entonces todo suena falso y aburrido y fullero. Hay que ser muy sabio para no dejarse tentar por el saber y la seguridad. Como Juan Carlos Onetti es sabio, sabe que no sabe, y por eso sus cuentos son insondables y como seres vivos que hay que volver a ver una y otra vez, de principio a fin, y por en medio, y por las esquinas de las páginas y de los párrafos; y empezar de nuevo, porque la vida y los cuentos son complicados, y un tiempo más tarde, seis años o una semana, el cuento ya es otro, y entonces hay que recomenzar y darle vueltas, agitarlo antes de usarlo y dejar que las palabras vuelvan a asentarse para permitirles una vez más revelar su misterio, a medida que pasan al ojo, a lo que llamamos cerebro (palabra horrible) o, mejor, a lo que antes se decía, sin ninguna vergüenza, el corazón o el alma, adonde los cuentos de Onetti indefectiblemente van a dar, porque ese es su blanco secreto, y uno se va dando cuenta de eso y encuentra, como un gusto más bien melancólico, que eso es un cuento, y que por lo mismo los cuentos no pueden ser muchos, porque el corazón no los resistiría, y si son de Onetti, menos. Y eso sí lo sabe Onetti y por eso ha escrito pocos para dejarnos pasar a sus novelas, en las cuales siempre es más fácil, por una razón o por otra, sobrevivir».

Por lo que hace a las fronteras de los géneros, tengo una experiencia personal que confirma algo de lo dicho antes. Un cuento mío, titulado «El eclipse», fue escogido por Howe y Howe, como señalé, para su antología de *short-shorts,* en tanto que, años antes, había sido seleccionado por Michael Benedict para la suya de poemas en prosa (*The Prose Poem. An International Anthology,* Dell Publishing Co., Inc., Nueva York, 1976) con obras de autores que abarcan desde Baudelaire y Mallarmé hasta Solyenitzin y Cortázar; y debo añadir que un antólogo salvadoreño no incluyó, hace ya muchos años, otro cuento mío, «El centenario», en su antología de cuentos hispanoamericanos porque según él, se trataba de un hecho histórico, cuando en realidad toda la aventura de Orest Hanson, como él mismo, fueron inventados por mí de principio a fin.

Y por último, en cuanto a la brevedad en general, algunos saben que soy culpable de un cuento breve, brevísimo, de una línea, como los que deseaba Calvino, titulado «El dinosaurio». Cuando lo publiqué por primera vez, en 1959, formando parte de mi primer libro, *Obras completas (y otros cuentos),* lo hice con mucho temor y, en ese momento, con no menos temeridad.

Más de cuarenta años después, puedo decir que a ratos me arrepiento y que a veces me siento culpable de haber conspirado contra mí mismo, pues al principio no fue bien recibido.

«¡Cómo! —dijo en aquel tiempo, enojado, un crítico—. ¿De una línea? ¡Eso no es un cuento!». Y yo le contesté que se trataba de un malentendido; que, en realidad, era una novela. En cuanto al público —oh, el público—. Interrogada frente a mí en una cena sobre si había leído ese cuento, una señora de sociedad contestó que por supuesto, que era el cuento mío que más le gustaba; pero que apenas iba por la mitad.

Bueno, tampoco se trata de reducir cualquier historia a su mínima expresión, como probablemente imaginó un antiguo conocido mío quien, durante años, cuando por casualidad me lo encontraba en la calle, se me acercaba haciéndome señas de inteligencia, al mismo tiempo que, refiriéndose a un cuento que estaba escribiendo desde mucho tiempo atrás, me decía mostrándome dos dedos de su mano derecha que manejaba en forma de tijeras: «Ya lo acorté un poco más»; y debe de haber seguido haciéndolo así, hasta que su relato y él mismo desaparecieron del todo, pues nunca lo volví a ver, ni a saber nada de él, ni de su cuento.

Y bien, los cuentos de que he tratado son cortos, son breves y son brevísimos; pero el asunto es muy vasto.

Los cuentos se dirigen a la emoción del lector; pero debe pensarse que también hay la emoción de la inteligencia; el lector siente, o sabe, cuándo un autor está apelando a cualquiera de estos dos centros del goce estético.

Como he apuntado también en mi libro *La vaca*:

«La imaginación y la realidad nos dan generosamente los temas, las situaciones, los argumentos, las tramas de los cuentos; pero es solo el trabajo, vale decir, la elaboración artística, lo que puede infundirles vida en la literatura. El mundo, este día, este momento, están llenos de pequeños y grandes sucesos, reales o imaginarios, que el trabajo puede convertir en cuentos; pero desde que comencé a escribir son muy pocos los que he hecho míos. La vida es como un árbol frondoso que con solo ser sacudido deja caer los asuntos a montones; pero el verdadero escritor puede únicamente recoger, trabajar y convertir en arte, si es afortunado, unos cuantos, los más afines a su temperamento, los que verdaderamente lo conmueven; y estos son para unos escritores y aquellos para otros; y gracias a eso hay tantos escritores de cuentos en el mundo, cada uno trabajando el suyo; y lo bueno es que el árbol no se agota nunca; no se agotaría aunque lo sacudiéramos todos al mismo tiempo, aunque al mismo tiempo lo sacudiéramos entre todos».

El nuevo soneto a Helena

Comencé a leer a Pablo Neruda en 1945 en la ciudad de México, en donde yo me encontraba exiliado desde finales de 1944. A pesar de que en esos años Neruda era ya enormemente popular, yo andaba para entonces, mejor dicho seguía para entonces, atrapado en las redes de los clásicos latinos y españoles del Siglo de Oro; y aparte, probablemente, de Antonio Machado, para mí los poetas de nuestra lengua que había que leer continuaban siendo Góngora, Quevedo, Garcilaso o Rubén Darío; o, cuando mucho, Bécquer y Espronceda. Así que fueron los nuevos amigos que hice en México los que me empujaron a dar el salto mortal a la poesía en español del siglo XX, amigos como los poetas Ernesto Mejía Sánchez y Ernesto Cardenal, quienes me indujeron, y hasta diría que me enseñaron, a leer *Residencia en la tierra* y a gozar y a aprender de memoria poemas de ese libro para mí tan extraños (y deslumbrantes) como «Tango del viudo», «Caballero solo» o «Ritual de mis piernas». Entusiasmado con aquel nuevo mundo que se me abría, me aboqué a todo el

Neruda anterior, y así llegué a su primer libro, *Crepusculario,* en el que encontré, entre otros igualmente memorables, el poema que ahora escojo para celebrar el número 500 de Visor: «El nuevo soneto a Helena», que dice:

> Cuando estés vieja, niña (Ronsard ya te lo dijo),
> te acordarás de aquellos versos que yo decía.
> Tendrás los senos tristes de amamantar tus hijos,
> los últimos retoños de tu vida vacía...
>
> Yo estaré tan lejano que tus manos de cera
> ararán el recuerdo de mis ruinas desnudas.
> Comprenderás que puede nevar en primavera
> y que en la primavera las nieves son más crudas.
>
> Yo estaré tan lejano que el amor y la pena
> que antes vacié en tu vida como un ánfora plena
> estarán condenados a morir en mis manos...
>
> Y será tarde porque se fue mi adolescencia,
> tarde porque las flores una vez dan esencia
> y porque aunque me llames yo estaré tan lejano...

que no solo me entregaba a su melancolía (la melancolía de todo Neruda) sino que me conducía una vez más a los clásicos, esta vez franceses, al confirmar que la Helena del muy joven Pablo Neruda era la misma Helene del soneto del envejecido Pierre de Ronsard, que dice:

> *Quand vous serez bien vieille, au soir à la chandelle,*
> *Assise aupres du feu, devidant et filant,*

Direz, chantant mes vers, en vous esmerveillant:
«Ronsard me celebroit du temps que j'estois belle!»

Lors vous n'aurez servante oyant telle nouvelle,
Desja sous le labeur à demy sommeillant,
Qui au bruit de Ronsard ne s'aille resveillant,
Benissant vostre nom de louange immortelle.

Je seray sous la terre, et fantaume sans os;
Par les ombres Myrtheux je prendray mon repos.
Vous serez au fouyer une vieille accroupie,

Regrettant mon amour, et vostre fier desdain.
Vivez, si m'en croyez, n'attendez à demain:
Cueillez dés aujourd'huy les roses de la vie.

escrito cuatrocientos años antes con la misma carga de lamentación y tristeza.

Algún tiempo después Ernesto Mejía Sánchez me llevó a conocer a Neruda en persona, y yo no hallaba nada que decir.

Italia en el corazón

Confieso que tengo muy mala relación con los premios y los reconocimientos públicos. Y no, ciertamente, porque a lo largo de mi carrera de escritor haya dejado de recibir algunos, que mucho me honran y comprometen aún más con quienes me los han otorgado.

Sin embargo, las cosas han sido de la siguiente manera: en primer lugar —y no se trata de falsa modestia—, en las ocasiones en que esos reconocimientos me han llegado no he creído nunca merecerlos. Y esto, que podría parecer malo, en realidad es bueno, porque, sin aspirar a ellos, me resulta indiferente que por lo general sean otros los que se los llevan, lo que me salva del feo pecado de la envidia, tan ajena al mundo de los escritores y artistas en general. En segundo lugar —y esto también va en serio—, durante toda mi vida ha sido tan fuerte mi resistencia a las apariciones en público (sin hablar de mis dificultades con los discursos de agradecimiento) que cuando en ciertos grupos se habla de mis posibilidades para obtener tal o cual premio, mi absurdo deseo es que tal cosa no suceda, por mi temor a la ceremonia de entrega.

Pero la realidad es que en este momento me encuentro en Roma recibiendo el muy prestigiado Premio IILA que los señores jurados, ajenos por fortuna a mis temores neuróticos, tuvieron a bien concederme en esta ocasión. Y quiero confesarlo: no duele.

Siendo esta la primera vez que respondo en persona a una premiación, me da un gusto muy especial que sea en Italia en donde esto me ocurre. Y tenía que ser Italia quien lo propiciara, como una generosidad de la que en los últimos treinta años he recibido muchas muestras.

Y ya que vienen al caso, enumeraré algunas.

En 1963 el editor Aldo Martello, de Milán, publicó, sin que nadie cercano a mí se lo pidiera, en un bello volumen de su serie antológica *Le più belle novelle di tutti i paesi,* mi cuento «Leopoldo (sus trabajos)», incluido precisamente en el libro *Obras completas (y otros cuentos),* por el que ahora, traducido en su totalidad por Hado Lyria y publicado por Zanzibar, recibo este premio. Enrico Cicogna, su primer traductor, hoy fallecido, había hecho en aquel cuento en italiano una verdadera y exacta recreación, que en su tiempo yo leí con deleite e incredulidad. Debo recordar que se trataba de mi primer libro, que yo había publicado con tanta inseguridad que inmediatamente después una especie de sensación de bochorno me hizo apartarme de los círculos literarios a fin de evitar la confrontación personal con mis amigos escritores, quienes, por lo que a ellos hacía, apenas si se habían enterado de su aparición.

Tardé otros diez años en publicar mi segundo libro, una serie de cuarenta fábulas, forma que elegí como solución temporal a mis problemas con el género cuento, derivados sobre todo de mi deseo de no repetir los procedimientos que había seguido en *Obras completas.*

Y es aquí en donde aparece de nuevo la callada generosidad italiana.

A mediados de los setentas yo enseñaba literatura en la Universidad de México. Antes había impartido ahí cursos sobre el *Quijote;* pero ahora enseñaba el cuento: sus formas, sus técnicas. Enseñar algo que yo sentía que necesitaba aprender me causaba una gran angustia, y a duras penas llegaba vivo al final de cada clase, a eso de las ocho de la noche.

En uno de esos años tuve durante un tiempo una alumna silenciosa, muy dedicada, que escuchaba con mucha atención cuanto yo decía acerca de Cervantes, de Shakespeare o de Dante. Mi clase era sobre el cuento; pero yo no podía resistir la tentación de llevarla a aquellas alturas, en las que me sentía más libre para hablar de lo ridículo o lo terrible de las debilidades humanas. Y clase tras clase aquella alumna siguió atentamente mis argumentos con su acostumbrado silencio, hasta que una tarde alzó la mano pidiendo la palabra y comentó algo sobre Leopardi, a quien yo acababa de mencionar. A la salida de esa clase conversamos por primera vez, nos vimos fuera de ahí en dos o tres ocasiones, y de pronto, como había llegado, desapareció. Se llamaba María Teresa Marzilla, y era italiana, y hasta donde sé, de Sicilia. Varios años después recibí desde Italia una llamada telefónica suya en la que me dijo que había traducido al italiano aquel segundo libro mío, *La Oveja negra y demás fabulas,* que tenía en Palermo un probable editor, Sellerio, ¡y que si yo daba permiso para que lo publicaran! Podrán imaginar cuál fue mi respuesta. En efecto, el libro apareció en Palermo en 1980, lleva varias ediciones, y fue mi primer contacto con la señora Elvira Sellerio, quien doce años después se atrevió a publicar mi novela *Lo demás es silencio,* motivo también del premio que hoy recibo. Como en el caso de la traducción y publicación en Italia de *La Oveja negra,* tampoco en este yo intervine, ni agente literario alguno, y todo se ha debido a la gestión entusiasta de su espontánea traductora y prologuista, la italiana Barbara Bertoni.

En mayo de 1980, pasando mi esposa Bárbara Jacobs y yo una temporada en París, un amigo mexicano residente ahí nos invitó a una cena en su casa a la que asistirían tres amigos suyos italianos: el pintor Valerio Adami, el músico Luciano Berio y el escritor Italo Calvino. Yo conocía desde hacía mucho tiempo las novelas, los cuentos y los ensayos de Calvino, pero no a él personalmente, y sospecho que nuestro anfitrión nos reunió aquella noche para que él y yo nos conociéramos y charláramos; pero temo que quien no nos conocía bien era el invitante. A mí el encuentro me intimidaba y ya he contado brevemente cómo fue: Calvino y yo solo nos habíamos saludado de mano en la presentación; pero después de la cena se acercó, dando un cauteloso rodeo, al sillón de la sala en que yo me había refugiado, se inclinó, me sonrió y —¿cómo decirlo?— me informó, me declaró, o tan solo me contó, con un mínimo de palabras, que alguna vez él había estado en Guatemala; yo asimismo debo de haber sonreído, pero no me atreví a informarle, declararle o tan solo contarle que yo también había estado en Italia, pues suponía que todo el mundo había estado en Italia; de modo que habré salido con cualquier cosa acerca del paisaje guatemalteco; y hasta ahí llegó nuestro intercambio de información personal, pues después de esto ambos pasamos al más estricto mutismo. Es evidente que los escritores que se respetan a sí mismos no hablan entre sí de sus propios libros, y casi nada de paisajes. Fue la primera vez y última vez que traté a Calvino; pero, devoto de su obra, unos nueve años más tarde me precipité sobre el recién publicado y póstumo *Seis propuestas para el próximo milenio,* en el que encontré mi nombre citado en forma tan elogiosa en la parte que se refiere a los cuentos breves, que hasta el día de hoy —sobre todo después de mi triste papel de la noche parisiense— no lo puedo creer; a esa cita mi mujer la llama desde entonces mi Premio Calvino, y yo también así lo pienso, y la tengo como prueba más de esa constante generosidad italiana que me ha perseguido todos estos años.

Bueno, creo que ha llegado el momento de recordar que soy un ciudadano guatemalteco y que durante más de cuarenta y cinco años he vivido en el exilio. Como muchos de mis conciudadanos y colegas aprendices de escritores, en los primeros años cuarentas participé, al principio en la clandestinidad y por último en forma abierta y en las calles, en un movimiento cívico que en 1944 acabó con la tiranía castrense de Jorge Ubico, un presuntuoso general que hacía asesinar oscuramente a sus opositores, era un firme partidario e imitador de aquellos regímenes nazi-fascistas europeos que oficialmente decía combatir durante la Segunda Guerra Mundial, y se reelegiría como presidente mediante plebiscitos fraudulentos cada cuatro años. Ese movimiento estudiantil y de trabajadores lo obligó a renunciar; pero de inmediato otro general se apoderó del mando y del país. Habiendo fundado otros compañeros y yo un periódico de oposición, no duramos mucho en esta tarea, y dos de sus fundadores salimos al exilio protegidos por la bandera de México. Lo que vino después constituye una historia demasiado larga. Solo diré que México es generoso y que a mí me ha dado todo lo que como persona y como escritor he podido necesitar, incluida una irrestricta libertad.

Sin embargo, aquella Guatemala que visitó Calvino cuando yo ya no podía estar en ella va siempre conmigo. Y es cierto, su paisaje es de los más hermosos del mundo, pero uno no puede olvidar ni soslayar que la belleza de ese paisaje pesa como una maldición sobre los hombros de sus legítimos dueños, los antiguos y actuales pobladores mayas, perseguidos y en la miseria, víctimas de un despojo y una explotación que dura ya quinientos años y un buen número de tiranías y hasta regímenes llamados democráticos, pese a las luchas y aun el sacrificio de sus vidas (quiero referirme en especial, aunque son cientos, a mi amiga Alaíde Foppa, escritora y poeta guatemalteca de origen italiano sacrificada en 1980), de líderes sindicales y campesinos y profesores universitarios y estudiantes que sostienen la batalla por la libertad y la justicia.

En la historia de la literatura guatemalteca, más rica de lo que por lo común se cree, existen dos deudas a Italia especialmente significativas, a saber: la del asilo que en 1767, y hasta su muerte en 1793, dio Bolonia a nuestro glorioso poeta el jesuita Rafael Landívar, autor en esa ciudad del gran poema en latín *Rusticatio mexicana;* y la de la influencia, declarada por él mismo, que el máximo poeta satírico de Guatemala, el triste José Batres Montúfar, recibió en el siglo XIX del abate italiano Giambattista Casti, en cuyas octavas reales encontró más de una vez inspiración para importantes momentos de sus *Tradiciones de Guatemala,* obra maestra de la lengua española.

Habrá otros, pero es en el espíritu de estos dos grandes compatriotas en el que quiero agradecer al Instituto Italo Latino Americano y a los miembros del jurado el honor que me han conferido al otorgarme este premio, que me llena de orgullo y sincero agradecimiento.

Luis Maneiro, traductor
de Lord Chesterfield

Contaría yo unos diecisiete años de edad cuando tuve acceso a un libro que, hoy más que nunca me doy cuenta, contribuiría de manera fundamental a mi desordenada formación de escritor autodidacto: las *Cartas de Lord Chesterfield a su hijo Philip Stanhope*. ¿Cómo llegaron a mis manos, en Guatemala, en circunstancias en que yo, adolescente, pobre de solemnidad, trabajaba en el lugar menos pensado para que ese encuentro pudiera darse: una carnicería? No existen sitios ideales para los buenos encuentros. ¿Quién habría podido decir que precisamente en tal lugar me encontraría yo con Philip Dormer Stanhope, 4.° Conde de Chesterfield, el inglés más elegante del siglo XVIII, amigo de Pope y de Voltaire, Secretario de Estado, maestro del arte de agradar entendido como el camino del éxito y el poder, ensayista, y autor de estas cartas, en las cuales se propuso transmitir a su hijo natural Philip, a partir de que este cumplió cinco años (siete, nos dice equivocándose, la admiradora de su padre,

Virginia Woolf) todas las buenas maneras, la gracia y el ingenio de que era poseedor, aparte de su conocimiento un tanto cínico de la sociedad y de los hombres, en que estos, por cierto, no salen muy bien parados, hasta la muerte de su destinatario (finalmente un ser patético, fracasado siempre en todo), momento en que el conde se enteró con sorpresa de que el buen Philip se había casado en Holanda con una mujer de clase muy inferior a la suya, y de que tenía dos hijos pequeños sin que jamás lo hubiera enterado de esto?

Según sus biógrafos, Lord Chesterfield se habría opuesto con horror a ver publicadas tales cartas; pero curiosamente son estas, que en buena medida escribió para descansar de sus tareas de estadista, si bien poniendo en ellas, como en todo lo que hacía, su humor, su buen gusto y el total de su saber, las que le han dado, desde el día de su publicación *post mortem,* la gran fama que acompaña su memoria en todas las lenguas llamadas cultas, aun cuando también escribió y publicó ensayos comparables —aunque menos famosos— a los de sus amigos Addison y Steele, y aun del doctor Johnson, con quien nunca se llevó bien a causa de la figura desaliñada de este, y de sus maneras, que le parecían, como una vez lo dijo, las de un «respetable hotentote».

Estábamos en que yo leí estas cartas entre los diecisiete y los dieciocho años, y ya me he referido en otra parte a mi inicial contacto con ellas. Pero hoy más bien quiero fijar mi atención en su primer, y tal vez hasta esta fecha único, traductor al español, el mexicano Luis Maneiro, quien, siendo cónsul de su país en El Havre a mediados del siglo XIX y durante uno de los gobiernos de Antonio López de Santa Anna, dedicó su trabajo a su hermano Manuel, cónsul a su vez de México en Burdeos; y escribo a conciencia la palabra trabajo, porque en efecto el Maneiro de El Havre fue mucho más allá de la simple traducción y consagró buena parte de su esfuerzo a anotar una por una las referencias literarias de Lord Chesterfield, al extremo de convertir esta obra en español en un suculento manual de literaturas clásicas (incluida la española, por su cuenta), toda vez que Lord Chesterfield daba por descontado que Philip era más que capaz de comprender sus citas en cualquier idioma, antiguo o moderno, en que las hiciera.

Injustamente, de Luis Maneiro (1825-1873) hoy apenas sabemos, gracias a la *Enciclopedia Mexicana* de José Rogelio Álvarez, que publicó artículos en los principales periódicos europeos en defensa de la posición de México durante la intervención tripartita, y que fue cónsul de México en Barcelona y El Havre; pero nada se dice de él como traductor. Corresponde preguntarse, ¿cuáles son las ediciones de las *Cartas* traducidas por Maneiro encontrables en librerías o siquiera en bibliotecas públicas (he hallado dos: la Primera, en la Biblioteca Nacional de México, fechada en El Havre en 1844 y firmada «por un mejicano»; y la Segunda, en la Biblioteca de México, de 1845, «Vertidas del inglés por el cónsul don Luis Maneyro» y en la Imprenta de Alfonso Lemale) o privadas? Tengo conmigo la que adquirí en 1945 en México, publicada por la Editorial Albatros de Buenos Aires en dos volúmenes y fechada el 23 de enero de 1944; pero antes fui dueño de la que leí en Guatemala, también en dos volúmenes, entre 1937 y 1944, que mi salida al exilio me obligó a abandonar, y cuyo pie de imprenta y fecha de impresión, por supuesto, he olvidado.

Debo añadir que tanto la que leí primero como la que he mencionado de 1944 traen, a manera de apéndice, un buen

número de traducciones, realizadas asimismo por Maneiro, de ensayos de grandes contemporáneos de Chesterfield,
como los mencionados Addison, Johnson y Steele, que vienen
a constituir una especie de introducción al ensayo moderno,
en la forma en que estos autores lo practicaron después de
Montaigne y Bacon.

Si lo que se sabe de Maneiro es correcto, este habría publicado su traducción a los diecinueve años. Aparte de lo
apuntado más arriba, ¿qué fue más tarde de él, entre la fecha
de la segunda edición de las *Cartas* y la de su muerte, ocurri-
da en México en 1873? ¿Puede importarle a alguien? A mí.
Pero hasta ahora los resultados de mis pesquisas han sido
nulos.

El idioma español

Nuestro idioma, el idioma español, o castellano, nació hace poco más de mil años, y desde hace no sé cuántos, ya no años sino siglos, lo celebramos. Si me pongo a pensarlo, estoy seguro de que no existe en el mundo otra lengua tan celebrada por sus usuarios naturales o inventores como esta; ni hablantes o escritores tan firmemente conscientes de que la hablan o escriben. ¿Quién habrá sido —me pregunto a veces— el primer escritor que tuvo plena conciencia de lo que estaba manejando? ¿Quizá el poeta Gonzalo de Berceo cuando fizo una prosa con su román paladino?

El español, o castellano. Hará unos cincuenta años que lo llamé cansado; y, más tarde, exprimido, muerto o enterrado, además de otras lindezas; pero de pronto, vuelto a la vida, capaz de expresar cualquier cosa con claridad y precisión y belleza. Y es cierto que hay épocas en que nuestro idioma se cansa. ¿Quiénes entonces lo reavivan, lo despiertan? No, ciertamente, los que lo dejan como lo tomaron, enamorados de él, y, por tanto, temerosos de forzarlo y violarlo, sino aquellos que, por lo contrario, lo hallan insuficiente, por no decir pobre, y entonces van a lo ajeno y vedado, como Garcilaso lo hizo, y como Góngora y Cervantes y Darío, y Neruda y Vallejo lo hicieron, y en nuestros días Jorge Luis Borges, que en ocasiones aparentaba menospreciarlo y prefería leer el *Quijote* en inglés. Pero los genios no abundan, y los simples mortales hemos de contentarnos con hacer su elogio en cada oportunidad que podemos, y con, por lo menos, no dejarlo peor de como lo encontramos, ni tan exhausto que no pueda moverse en busca de lo nuevo y, otra vez, de lo insólito y lo prohibido.

Imaginación y realidad

Hace muchos años publiqué por primera vez en un periódico mexicano un cuento muy breve en el que se relata la muerte de cierto fraile español imaginado por mí, Bartolomé Arrazola, que en Guatemala, a principios del siglo XVI, trata de engañar a los indígenas mayas mediante el socorrido truco de hacerles creer que posee poderes sobrenaturales, y que si intentaban matarlo hará que el sol «se oscurezca en su altura».

Cuando, a pesar de todo, los indígenas lo sacrifican, el sol en efecto se oscurece, solo que durante el moroso sacrificio uno de ellos lee en voz alta las infinitas fechas en que se producirían eclipses, solares y lunares, que los astrónomos mayas habían previsto ya y anotado en sus códices.

Como se ve, se trata de un cuento que pretende rescatar la ciencia y el saber de los antiguos mayas, primitivos pobladores de mi país, ciencia y saber que la iglesia, seguidora de la Conquista, vendría a poner en jaque.

Al dar a conocer el cuento hace más de cuatro décadas, algunos de sus lectores lo celebraron con una sonrisa, y hasta con muestras de regocijo por el trágico fin de mi ocurrente fraile, quien en vano había pretendido engañar a los aborígenes de Guatemala con un ardid quizás aplicable a una tribu de cualquier otro pueblo, pero que difícilmente tendría buen éxito ante aquella comunidad de matemáticos y consumados astrónomos.

Cada año, cada día transcurrido desde la primera publicación de ese cuento me han ido enseñando que imaginación y realidad son términos con frecuencia opuestos, y que es más fácil hacer triunfar a alguien en tres minutos de buenos deseos que en quinientos años de realidad.

En efecto, en las décadas iniciales del siglo XVI, cuando el joven monarca Carlos Quinto trataba de consolidar su imperio europeo —y para entonces en buena parte americano—, lo que en ese tiempo era ya Guatemala se encontraba poblado por esta raza de matemáticos y astrónomos que se habían dado el lujo de inventar el cero, de predecir con absoluta precisión fechas de eclipses solares y lunares, y de registrar todo esto en códices y estelas y monumentos de belleza un tanto incomprensible para nosotros aún el día de hoy, cuando, queriendo exaltar esa belleza, todavía recurrimos al expediente un tanto absurdo, un tanto pobre, de compararla con lo que lograron los antiguos griegos.

Pero una es la imaginación y otra la realidad.

Cuando los primeros europeos llegaron a Guatemala los minuciosos astrónomos mayas habían estado allí, y allí habían florecido sus grandes artistas; pero estos mismos eran ya solo un recuerdo. Y tal vez tan solo el recuerdo de un recuerdo, como el día de hoy son tan solo un recuerdo, si bien se ve, sus remotos colegas griegos, similares en genio y en destino.

Sin embargo, los mayas de carne y hueso, herederos de ese luminoso pasado, sí estaban allí a principios del siglo XVI, como lo siguen estando hoy, cerca de quinientos años después, a fines del siglo XX. El *Popol Vuh,* su libro sagrado, no era todavía un libro sino tan solo un susurro apenas audible que pasaba de oído en oído, de memoria en memoria, y habría de ser otra especie de fray Bartolomé quien nos lo revelara.

Y uno puede preguntarse: ¿qué ha ocurrido con unos y otros, conquistadores y frailes y conquistados, durante estos cinco siglos, en ese diminuto territorio, casi invisible en el mapa, que se sigue llamando Guatemala? Los unos y los otros ¿han dejado de emitir, unos su estruendo, otros su prédica, otros su canto? ¿Han callado en algún momento? ¿En algún instante se han dado tregua? Es evidente que no, aunque con frecuencia lo olvidemos, aturdidos como vivimos por estruendos aún más fuertes, o por la indiferencia de un mestizaje dudoso, en tanto que la voz de los mayas sin mezcla de hoy se encuentra acallada, o persiste, no sé en verdad si para mal, confundida con las voces de los animales, del viento, de sus ancestros, opacas o claramente distinguibles en la profundidad de aquella selva poderosa que en mi imaginación y solo en el papel atrapó hace cuatro siglos y medio a fray Bartolomé Arrazola y su malicia más bien ingenua.

Dije un mestizaje dudoso.

Tal vez los opresores de nuestros días vengan en línea directa del sanguinario Pedro de Alvarado, conquistador sin más, quien siendo preguntado, después de la caída a consecuencia de la cual moriría, qué le dolía más, contestó: el alma; pero quizá procedan también del conquistador con más, el capitán Bernal Díaz del Castillo, quien, viejo de no sé cuántos años, tomó un día la pluma en Guatemala, ciudad que había fundado, y escribiendo su *Historia verdadera de la conquista de la Nueva España* se convirtió en nuestro primer narrador y en el inventor, sin proponérselo, del realismo mágico, de lo real maravilloso.

Tampoco sospecho mestizaje alguno en el jesuita Rafael Landívar, autor guatemalteco, en Bolonia y en el siglo XVIII, del último gran poema en hexámetros latinos, en la línea de Virgilio, la melancólica *Rusticatio mexicana;* ni en nuestro gran cuentista en verso, el triste José Batres Montúfar, quien a mediados del siglo XIX compuso sus *Tradiciones de Guatemala* (con abiertos homenajes al abate italiano Giambattista Casti y al Byron autor del *Don Juan)* y en prodigiosas octavas reales que fueron y son en nuestro idioma, y probablemente también en cualquier otro idioma, la última muestra válida de lo que podía hacerse en el arte de narrar con esa milagrosa estrofa usada lejanamente por Boccaccio y llevada a su máxima expresión por Ludovico Ariosto; ni, otro siglo después, en Miguel Ángel Asturias, quien, dueño de su *Popol Vuh* y formado en la cultura francesa, trata de recuperar en *Hombres de maíz* —su máximo experimento de lenguaje— el alma maya de los indígenas guatemaltecos de ayer, de hoy y de siempre; ni en Luis Cardosa y Aragón, heredero asimismo del *Popol Vuh* y a la vez de ese otro mundo mágico, el mundo del surrealismo.

Opresores y oprimidos a través de cinco siglos; conquistadores de espada, de cruz y de pluma, todo mezclado.

Hoy los mayas, viejos enamorados del firmamento, siguen allí sin ser conquistados ni conquistar a sus presuntos conquistadores, como se dice que los griegos hicieron con los romanos. Puros, sin mezcla, conservando sus idiomas y preservando sus creencias, atacados y defendidos con las armas, con el catecismo y con la pluma por lo peor y lo mejor de Guatemala y, como se ve en el libro de uno de ellos, Rigoberta Menchú, comunicándose aún espiritualmente con los animales domésticos y los animales salvajes, con las plantas, con la tierra, a la que piden perdón cada vez que han de abrir un surco en ella; y, por último, como el padre de esta misma Rigoberta Menchú, quien hace apenas unos cuantos años murió quemado junto a otros veinticinco de ellos, en la embajada de España en Guatemala, en donde simbólicamente buscaron refugio y en donde fueron alcanzados por el fuego de sus propios compatriotas, indígenas y no indígenas.

Quinientos años de dialéctica entre España, Europa y América, una dialéctica de espadas, de letras, de oraciones y de balas, desde que fray Bartolomé Arrazola, un ser imaginario, fue vencido en la hoja en blanco, en la que todo se puede; es decir, en la imaginación, no siempre parecida a la realidad.